子どもの
からだを
操作する力を
はぐくもう

―こども運動指導者2級ガイドブック―

JN069173

諏訪美矢子 |著|

は じ め に

　昭和、平成、令和へと時代が移り変わると同時に子どもをとりまく環境や遊びの形態も変化してきました。特に現代の子ども達は、環境が便利になった分「経験不足」となり、体のバランスが悪く自分のからだを思い通りに動かすことができない子どもが増加しています。また近年足腰の弱った高齢者で問題になっている「ロコモテイブシンドローム」が子ども達までおよんでおり、その加速となったのが「新型コロナウイルスの影響」です。思い切り体を動かす機会が奪われ、室内で過ごす時間が多くなった子ども達は「子どもロコモテイブシンドローム」ともいわれ、運動機能低下が問題視されています。本来幼児は、一般的に発達していく体の諸機能を使って動こうとします。そのため発達に合わせて運動をすることは、それらの機能が一層促進されるとともに、怪我の予防にもなります。個々の発達に合わせて獲得していく「基本運動」を「多様な空間や環境」で実施することにより、この時期もっている子どもの状態を100％開花させることができます。

　幼児期に思い切り体を動かし、のびのび過ごすと、何事にも意欲的に取り組む態度が養われ、健やかな心の育ちも促す効果があります。意欲的に体を動かし「できるためには」「もっと上手にできるためには」と考えて行動することにより、様々な動きができるようになります。このような成功体験から得た経験により自信がつき「自分はできる」という感覚になります。

　このように体を動かしながら新しい動きができていく過程は、子ども達にとって良い経験となり、何事も前向きに取り組む基盤づくりとなります。

　こどもの運動を指導するために求められるのは、『総合指導力』であり、5領域があります。①「調整力・感覚を育てる指導力」②「系統的指導力」③「体操指導力」④「段階的指導力」⑤「ニュースポーツ（運動遊び）指導力」この5領域を学ぶ上で大切なことは、後天的に関わる私たちが子どもの発達の特性や運動能力を適切に判断ができることです。また5領域を中心にひとりひとりが可能になった運動をより発達させることができる「適切な経験」と「学習」がされる『教材づくり（指導プログラムの立案）』と『指導者自身の技術の向上』も必要です。調整力や体力の向上および体を操作できる（体操）能力を基盤として「心・体・技」を総合的に指導できるよう本書で学んでほしいと願っています。

　2021年5月

諏訪美矢子

······· **本書の使い方** ·······

　本書には、QRコードを読み取り、子ども達の指導風景・補助や指導方法を動画で確認ができます。また動画のパワーポイントを見ながら本書を読むとより理解を深めることができます。

······· **禁止事項** ·······

・本書で使用している動画は、全て限定配信となっており皆様の知識向上に活用いただく目的で作成したものです。無断で使用したり、コピーおよび配信は禁止いたします。

・本書中に含まれている書類そのものを複製して、独立の取引対象として販売、賃貸、無償配布、貸与などをすることは、営利、非営利を問わず禁止いたします。

・公序良俗に反する目的での使用や、名誉棄損、その他法律に反する使用はできません。

・以上のいずれかに違反された場合、著者および出版社はいつでも使用を差し止めることができるものとさせていただきます。

······· **免責** ·······

・本書を使用した場合に発生したいかなる障害および事故等について、著者および出版社は一切責任を負わないものとさせていただきます。

·········· 感 染 症 対 策 ··········

　本書は、子どもへの運動指導に必要な知識を高めることを目的としております。そのため、実際に身体を動かす実技の場合は、日常生活における活動時よりも高い強度の身体活動を行うことから呼吸が活発になり、激しくなる場合もあります。 まずはこれを理解した上、高い強度の身体活動を行う場合には日常生活における活動時よりも一層の距離を空ける、換気をする等の環境や状況に応じた対策が求められます。子ども達へ指導するにあたり適切な知識を持ち、環境とルールの整備に努めなければなりません。

　また、周辺地域の実情を勘案し、感染リスクが高いと考えられる場合には、距離の確保、さらなる換気、場合によっては活動を中止することが求められます。実際に子ども達へ指導をされる場合は、各自治体、スポーツ庁が定めるガイドラインを確認しながら「安心安全を優先」してスポーツの楽しさを経験させてください。

Contents ▶ ▶ ▶ ▶ ▶ ▶ ▶

◄ Chapter 1 ►

［理論編］ 調整力と基本運動とは

◄ Chapter 2 ►

［実践編］ 基本運動の系統的指導法

◀ Chapter 3 ▶

［指導者編］ 自分自身の運動能力と指導のスキルアップ

Appendix ———

［理論編］
調整力と基本運動とは

乳幼児期の運動の必要性

GOAL：幼児期における運動のあり方と課題を知る

1　遊びと運動の必要性

遊びは総合的な学習の場

　子どもにとって「遊び」は、自分を無我夢中にさせ、心地よい揺さぶりをもたらします。遊びは、健康的な身体、社会性や協調性などの人との関わり、感受性や情緒の発達、そして挑戦したいという気持ちや創造的な力を育みます。子どもの生活は、遊びそのものであり、遊びが成長の栄養剤となります。私達は大人になるための様々な能力を獲得するために、実践的な学びの活動を遊びで学ぶことができます。身体の成長を伴う運動能力、学力を含めた知的能力、感性などの精神能力、他人との付き合い方などの社会的能力を環境と対話の中で身につけていく、総合的な学習の場でもあります。幼児期に友達との遊びが少ないと、その後の人間関係や内発的な機能に影響があるとの研究結果もでています。遊びの中で自由に自分を表現し認められ、受け入れられる経験をすることや、遊びという穏やかなルールの中で他者と自分自身を確かめることは、自信を深め、自分自身の確かな存在感を持つ基盤となります。

意欲的に取り組む心が育まれる

　幼児期に思い切り体を動かしのびのびと過ごすと、何事にも意欲的に取り組む態度が養われ、健やかな心の育ちも促す効果があります。また積極的に体を動かす幼児は、「やる気」「がまん強さ」「友好関係が良好」「社交的」など前向きな性格傾向があります。このような前向きな姿勢は、「有能感」すなわち「自分はできる」という感覚からくる「自信」に支えられています。

　幼少期の「有能感」は、運動遊びの経験を通じた「成功体験」によって基礎がつくられます。その成功体験がのちのスポーツ活動や前向きに取り組む心が育まれ、心の基盤づくりにつながっていくと言われています。体を動かしながら「成功体験」を経験し「自分はできる」と感じ自信を持つことを「運動有能感」と言います。

　運動有能感で大切なことは、「興味を持って、体を思い切り動かす」→「できない

ことが、練習してできるようになり、成功体験をつむ」→「できた・嬉しい・楽しい」→「身につく」→「もっとやりたい・難しいこと・失敗してもチャレンジする」というサイクルをつくることです。

　そのため幼児期に様々な動きを経験し楽しく運動することは、発育・発達の面でとても重要です。

　私たちは、子ども達が楽しみながら運動できる環境や成功体験をつむことができる空間を工夫をして、発達の特性が異なる子ども同士が体を動かして遊べるような環境づくりをすることが重要です。

課　題
　動画を視聴して課題に取り組んでみましょう。

課　題

運動有能感とは何かを、動画も見て簡単にまとめてみましょう。

体力運動能力の発達の時期を知る

　体力は、人間の活力の源であり、人が生きてくために重要なものです。体を活発に動かしている幼児ほど、最大酸素摂取量（全身持久力の指標）の値が高く、自分の体を支える筋力（筋持久力）の指標とされる体支持時間も高いという結果もでています。体力は、幼児期であっても健康維持のほか、意欲や気力といった精神面の充実にも大きく関わっています。しかし幼児期は、これらの筋力や全身持久力が著しく発達する時期ではありません。そのため日頃から体を力いっぱい動かしたり、続けて動かしたりすることで、筋持久力や全身持久力の発達に対する適度な刺激を与えることができます。このように穏やかな動きをしながら筋持久力（静的筋持久力）や全身持久力（活動し続ける力）の発達を促すことが大切です。また単調な動きを長時間おこなうよりも、自発的に体を動かし、さまざまな動きに対して、全力をだしておこなうこと、そして楽しみながら活動し続けることが重要です。

年間の発達量からみる発達ピークを知る

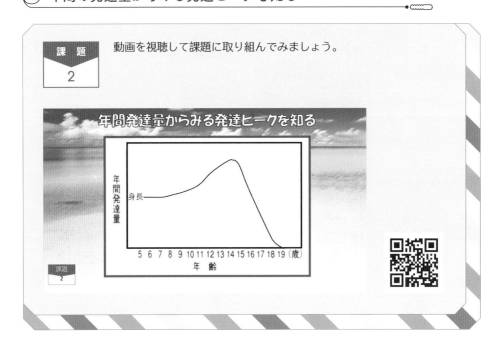

課題

　動画をみながら年間発達量を記入してみましょう。
　年間発達量の表は、体力や運動能力を3つに分類し、年間の発達量を調べたものです。下記の文を理解し表1に答えを記入してみましょう。

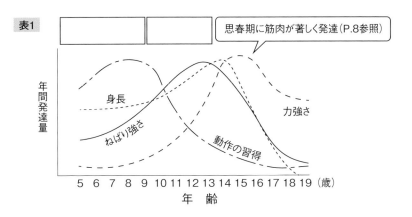

表1

思春期に筋肉が著しく発達（P.8参照）

年間発達量

身長

ねばり強さ

動作の習得

力強さ

5 6 7 8 9 10 11 12 13 14 15 16 17 18 19 （歳）

年　齢

発達ピーク（①〜③の順番で現れます）

①「動作の習得」（神経・筋系）

②「ねばり強さ」（筋・呼吸系）

③「力強さ」（筋・骨格系）という順番で現れます。

　幼児期および児童期前半は「動作の習得」をするのに最適な時期です。

児童期後半は「動作の習得」に加え、「ねばり強さ」すなわち持久性が高まる運動を
子どもの体力に合わせ取り入れていく最適な時期となります。

⑤ 基本的な運動の基礎を知る

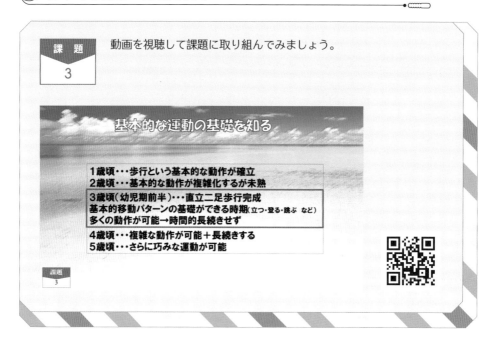

| 課題 3 | 動画を視聴して課題に取り組んでみましょう。 |

基本的な運動の基礎を知る

1歳頃・・・歩行という基本的な動作が確立
2歳頃・・・基本的な動作が複雑化するが未熟
3歳頃（幼児期前半）・・・直立二足歩行完成
基本的移動パターンの基礎ができる時期（立つ・登る・跳ぶ　など）
多くの動作が可能→時間的長続きせず
4歳頃・・・複雑な動作が可能＋長続きする
5歳頃・・・さらに巧みな運動が可能

課題
3

表2　運動機能検査（中山編「小児保健学」より抜粋）

年齢	平衡性	運動機能の巧緻性
1歳	ひとり立ち ひとり歩き	スプーン、茶碗から飲む
2歳	走る 手すりにつかまりひき脚で階段を昇る	スプーン、茶碗を両手で使う、 ボタンを外す
3歳	片脚立ち（数秒） 手すりにつかまり歩行動作で階段を昇る	ハサミで薄紙を2つに切る ボタンをかける
4歳	片脚とび（5m） 手離しで階段を昇る	靴下をはく ハサミで形を切りぬく
5歳	爪先立ち（10秒） スキップ（3回）	ひもを結べる 厚紙を切る
6歳	片脚立ち（10秒） なわとび（連続2回）	鉛筆を削る、あやとりができる 大きなボールをつく（3回）
7歳	一直線上を歩く（2m） ボール蹴り（片足跳び）の動作	お手玉ができる キャッチボール・布を縫う

国立保健医療科学院

課題

次の文を読んで「（例）　3歳児」のようにまとめてみましょう。

おおむね1歳頃では歩行という基本的な運動動作が確立され、2歳頃では未熟な

段階ですが、複雑化します。3歳頃では、かなり多くの動作が可能ですが、時間的に長続きせず、4歳頃ではさらに複雑な動作が可能となり、長続きするようになります。おおむね5歳頃では、さらに巧みな運動が可能となります。

　近年子ども達の体力や運動能力の低下が問題視をされていますが、幼児期の運動機能発達の特性つまり、調整力の発達が衰えてきており、基本運動の獲得はできているが、その基本運動を様々な状況で発揮していないのが原因です。

　表2は、粗大運動を主として平衡性、また微細運動を巧緻性からとらえ、運動発達の一部を示したものです（P.17「運動をすることにより身につく能力／調整力を知る」を参照）。

　3歳児までの幼児期前半は、直立二足歩行が完成し、立ったり、跳んだり、登ったりする運動能力の基本的な運動の基礎ができる時期と考えます。保育の立場からも3歳児は一つの境界期なのであって、4歳児以上で集団保育が容易なのも、このような発達過程があるからです。

1歳児

2歳児

（例）3歳児

　直立歩行が完成（基本的移動パターン基礎ができあがる）

　⇒多くの動作が可能⇒長時間長続きしない

4歳児

5歳児

---

5 幼児期の筋肉の発達を知る

表3　各筋群重量の全骨格筋重量に対する比（%）

筋　名	サ　ル	新生児	成　人
頭　筋	3.0	1.7	0.7
頸　筋	2.0	3.2	1.4
背　筋	14.9	19.6	10.1
胸　筋	8.0	11.8	9.7
腹　筋	7.7	8.0	5.5
尾　筋	2.2	—	—
上肢筋	20.5	17.5	17.8
下肢筋	41.7	38.2	54.7
合　計	100	100	100

（頭筋〜尾筋のサル欄は合計 37.8）

（サル・新生児は遠藤、成人は久保による）（森下「スポーツと年齢」高石ら編より）
国立保健医療科学院

　運動機能の主役をなすのは、支持器官である骨格と、運動エネルギーを生ずる筋肉の収縮です。ここでは、筋肉について取り上げます。

　筋肉の量は、生まれた時から大人になるまでに40倍にも増加するといわれています。個人差・性差もありますが、新生児では筋肉の量が全体の約23%、8歳では約27%、15歳では約33%となり、16〜17歳では大人の値と同じく、45%近くに達します。これらの経過をみると筋肉の発達は思春期に著しいことがわかります。

　なお女子は、体重増加のうち脂肪の割合が大きいので、男子に比べ、全体重のなかで占める筋肉の量の比率は低いのです。このような筋肉量の増加は主に筋繊維の太さの増加ですが、もちろん組織や構造にも変化はみられます。例えば、幼児期では筋肉の70%が水分、あとの30%が固形分です。しかし思春期以降になると、水分は減少し約66%になるといわれています。また幼児期には姿勢や直立の保持にはたらく、赤身の強い持続的収縮に適した筋肉は少ないのです。一般的に幼児の筋肉は、水分が多く柔軟であり、弾力はあるが抵抗性は低いということになります。幼児は精神力の集中も難しいが、筋肉の発達段階から考えても、持久性に乏しいのであり、とりわけ

静的持久力が十分に発達していないため、長時間じっとしていることはできません。

　また、運動の支柱として骨格の発達と関連して、年齢が増すに従い、全筋肉量のなかで占める下肢筋の割合が大きくなります。表3は、サルと人間の新生児および成人について、各筋群の重量が全骨格筋重量に対する比率を示したものです。これをみると、大人では、全体の半分を超える筋肉が下肢で占められているのに対し、サルや歩行のできない新生児では、むしろ上肢や体幹の筋肉が比較的大きな割合を占めていることがわかります。これは当然直立歩行の発達によって下肢の筋肉群の割合が年齢とともに増加していくことを示しています。子どもたちは、運動器官の発達と前項の神経系の発達の総合作用により運動能力の年齢的な変化は総括的に表現されるわけです。

⑤ 幼児期の神経系の発達と運動コントロールを知る

　運動機能は主として、「中枢（脳）―運動神経―筋肉」とコントロールをされています。出生後の身体運動は、ほとんど反射によるものであり、決して身体運動としてコントロールされたものではありません。このような反射は脊髄や脳幹部など、中枢神経のなかでも下位に位置づけられるものから発達し、上位に位置づけられる大脳皮質の発達が遅れるために生ずるものと考えてよいでしょう。

　乳幼児期の後半になると、次第に大脳皮質の発達が進みこのような反射運動は徐々に消失してきます。脳細胞の数は、生まれた後にはほとんど増加しませんが、脳細胞からでている神経繊維がコンピューターの配線のように次第に複雑化していきます。図1は、人間の手を司る部分の脳細胞の絡み合いの発達を示したものです。

　大脳皮質の組織的な成熟が進むと、身体機能は意志的により自然にコントロールされるようになります。身体運動をコントロールする神経系の発達は、乳児期から幼児期にかけて、このような神経系の発達が著しく進み、感覚機能の発達と相まって、幼児期の終わりにほぼできあがると考えてよいでしょう。このような発達の経過は、身体運動の積み重ねによる学習によって円滑に進むものです。そのため幼児期の運動は、必要なのです。

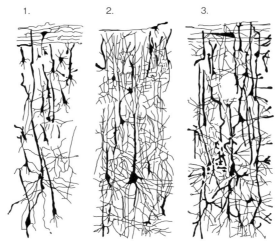

図1　人間の手の運動野にある脳細胞のからみあいの発達
1：生れたとき，2：生後3か月，3：生後15か月
（時実：「脳の話」より）

幼児期の情緒の発達と社会性の発達を知る

　喜びや悲しみ、あるいは、恐怖や嫉妬など、人間には誰もが経験する感情的な心の
はたらきがあり、これを情緒といいます。新生児では、ただぼんやりとした興奮状態
はあるものの、情緒としての分化はみられません。しかし新生児でもちょうどよい温
度のお湯に入っているときや、十分にお乳を飲んで満足したときの顔つきを見ると明
らかに快の表情が見られます。また反対に、痛みや空腹の状況になると不快な表情を
示すようになります。「6か月前後　不快」というまとまりから、怒り・恐れ・嫌い
といった情緒が分化していきます。そして「1歳半過ぎ　不快・嫉妬・快からの嬉
しさ」などの情緒もでてきます。この時期は、運動能力と同様にこころも人生の中で
常に変化しており、同じ状態でとどまることはありません。子ども達のこころの面に
目を向ける際、発達段階における各時期の特徴的な事柄と、その時期に子ども達が直
面する可能性がある課題について考慮する必要があります。

　情緒の発達からわかるように、幼児期では自己の欲求の満足度により、かなり心理
的な多くの問題が生じてきます。

　おおむね2歳から4歳ままで幼児は、いわゆる反抗期として、社会性の発達のう
えの重要な時期にあるといってもよいでしょう。これは発達過程における「自我」の
確立が重要な意味をもちます。自ら行動をして人に褒められた時の嬉しさ、逆に思い
通りにいかず反抗する時の怒りなどは、情緒の発達とともに社会性の発達の上でも重
要な経験です。

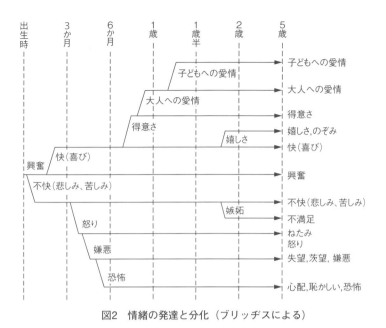

図2　情緒の発達と分化（ブリッヂスによる）

2　運動をすることにより身につく能力

感覚・調整力・空間認知能力・知的能力

課　題

パワーポイント動画QRを見て各問題の解答を記入してみましょう。

【感覚】

　感覚とは、物事を感じる心の働きです。

　見たり、聞いたり、においをかいだり、味わったり、触ったりしたときに受ける感じのことです。感覚は、5つあり五感といいます。

課　題

　五感とは、（　　　　）・（　　　　）・（　　　　）・（　　　　）・（　　　　）のことです。

　五官とは、次の器官から情報を得ています。

　視覚（　　　　）・聴覚（　　　　）・嗅覚（　　　　）・触覚（　　　　）・味覚（　　　　）

　五感の中で大切なのはどこの器官でしょうか。子ども達は、五感の中でほとんどここから情報を得ています。（　　　　）

【調整力】

　調整力とは、体の動きを調整する能力のことです（神経系の筋支配能力を総称していうものと考えてよいでしょう）。幼児期は、調整力が急速に伸びる時期です。それは運動技能の獲得過程から見て複雑な技能ではないものの、単純な技能においてはかなり高い水準になり容易に到達することができます。そのため様々な運動に触れバランスよく発達させることが大切です（バランスよく発達させるとは、例えば鬼ごっこで足が速く鬼に捕まらない子どもでも、ぶら下がる遊びをしていないと腕の力がありません。これではバランスがよい発達とはいえません）。

課　題

①調整力が急速に伸びる時期はいつでしょうか。

②発達させるために大切なことはなんでしょうか。

解　答

①調整力が急速に伸びる時期＝（　　　　　　）

②調整力を発達させるために大切なこと

【空間認知能力】

　空間認知能力とは、物体の位置、方向、大きさ、形状、間隔など、物体が三次元空間に占めている状態や関係を、素早く正確に把握・認識する能力のことです。

課　題

　私達は、物体の位置・方向・大きさ・形状・間隔など物体が3次元空間に占めている状態や関係をどのようなことばを使って表現していますか。

解　答

【知的能力】

　知的能力とは、論理的に考える、計画を立てる、問題を解決する、抽象的に考える、考えを把握する、言葉機能、学習機能など心の特性のことです。

課　題

　例えば子ども達の遊びの場面でどのようなことが考えられますか。

解　答

運動をすることにより身につく能力／感覚を知る

　私たちが健康な生活を送るためにも環境に対する対応が大切です。なかでも体の動きによる対応は最も基本的なものです。生まれてからの赤ちゃんは反射的な動きを見せることはあっても、自分で周囲の状況に対応することはできません。赤ちゃんの生活は全て周りの大人たちに依存していると言ってもよいでしょう。しかし乳児期の後半に入ると「ひとり座り」「ひとり立ち」ができ、最初の誕生日を過ぎてしばらくすると「ひとり歩き」ができるようになります。自分の意志により体を動かすことのできる「ひとり歩き」は、生後の発達段階において画期的な変化といえます。自分の意志で食べ物を求めて移動します。危険なものから避けるために移動できるということは、動物が生きていくために必要な基本的能力といってもよいでしょう。生命維持の

ためのコントロールは、神経の機能によって行われる部分が大変多いです。体を動かすためには、必ず何か目的があり、欲しいものをとりたい時など、そこへ移動しなければなりません。このような時、欲しいものがどこにあるか認知が必要です。これを認知するのが感覚器です。目で見て、耳で聞き、皮膚で感じ、鼻でにおいを嗅ぎ、舌で味わうという五感は、私たちの身体運動のありかたを決めるための基礎的な情報源です。しかし、一般的に感覚器の感度は、人により個人差が大きいようです。身体運動は、経験にもとづく学習や知識の積み重ねによる判断で決められていきます。大脳からの命令により運動器官が活動するわけです。このような身体運動の機能は、それぞれ分担する器官が適切に発達することによって円滑に働くのです。

⑤ 五感（情報収集）と神経系の発達

　感覚器官による情報の収集から筋肉の収縮までの一連の過程は、感覚受容器―感覚神経―中枢（脳）―運動神経―筋肉　という経路があり、それぞれの機能の発達が成熟に向かうにつれて、スムーズな身体運動が可能となります。身体運動に直結する感覚は、主に「触覚」「視覚」「聴覚」となります。幼児期は、「触覚」「視覚」「聴覚」の機能の発達を考えると外界の変化の情報収集が十分な状態に達しています。

【触覚の発達】　原始感覚ともいわれ、発達は比較的はやい。

　生まれたての新生児でも唇や舌などの触覚はよく発達しており、刺激に対して大変早いです。これは母乳に依存して栄養を保つための合目的な機能です。触覚と似たような感覚である温覚も比較的早く発達します。乳児は人工栄養の場合、熱すぎたり冷たすぎたりすると明らかに拒否反応をします。生後3〜4か月になると手に触ったものを積極的につかもうとします。次第に月齢を重ねるに従い、偶然触ったものではなく、ある目的をもって手を伸ばし、ものをつかもうとします。いずれにしても、幼児期に、触覚・温覚・痛覚などの皮膚感覚（触覚）は一応できあがっていると考えてもよいでしょう。

【視覚の発達】　感覚の中でも最も重要な感覚です。

　生まれて直後の新生児は、まだ視覚で外界認知することはできません。しかしおおむね3〜5週目で、次第にごく近い距離のものを注目するようになります。おおむね3〜4か月で、首がすわるようになると急に視覚が発達し、特定のものを注視したり、動くものを追視したりできるようになります。色の識別も意外に早いとされていて、とりわけ黒・白・赤などはっきりした色が見えると言われています。情報収集には、視覚の発達がきわめて重要な基盤となります。

【聴覚の発達】　幼児期にはリズム感も発達し音の高低の識別もできる。

そのため音楽は早くから親しみたいものです（生後１か月にもなると音のする方向に顔を向けようとします）。

運動をすることにより身につく能力 / 知的能力を知る

幼少期の運動で心が育ち、知的能力を高めます。

運動は体を鍛えるものとして捉えられていましたが、脳の研究の進化により、運動と脳が密接に関係していることが解明されてきています。運動をおこなう時は、状況判断から運動の実行まで、脳の多くの領域を使用します。近年、運動が知的能力にも効果をもたらす可能性が示されています。「動き出す、止る」「素早い方向変換」「敏捷な身のこなし」や状況判断・作戦などの思考判断を要する全身運動は、脳の制御機能や知的機能の発達促進に有効であると考えられています。

日本学術会議（2011年）の報告では、遊びや運動（スポーツ）が「認知的機能の発達促進」に寄与する可能性があるとの報告があげられました。

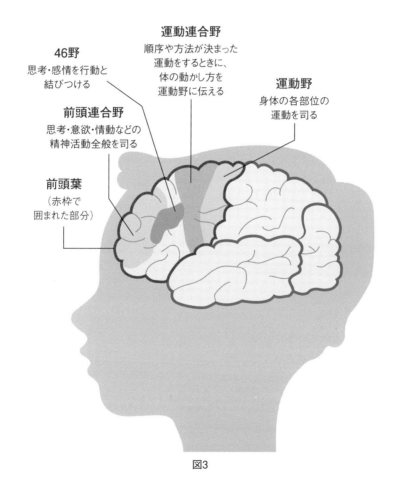

図3

幼少期に運動をすることは、脳神経細胞を結びつける結合部である、シナプスが活性化されます。これより、適切な判断力や集中力を生み、学力や社会の中で生き抜く力を高められると考えられています。脳で筋肉の指令を出す前頭葉は、運動野・運動連合野・46野・前頭連合野からなります。運動野は頭部の上部に位置し、筋肉の動きを司ります。その前方に46野があります。この46野は、前頭葉の一部で、自分の行動を制御する働きをしている。前頭葉は、人ならではの「思考・感情のコントロール」を司る部分で、この46野はそれを行動に結びつける役割を持っています。

幼児期の神経系の発達と運動コントロールを知る

課　題

脳の細胞の数は、生まれたあとほとんど増加しない。

解　答

ＹＥＳ・ＮＯ

課　題

脳細胞から出ている神経繊維が次第に複雑化する。

解　答

ＹＥＳ・ＮＯ

課　題

①運動神経がよい人悪い人の違いはなんでしょうか。

解　答

課　題

②自転車に乗れなかったのに、練習して乗れるようになるのはなぜでしょうか。

解　答

課　題

③自転車に乗れるようになり、10年間乗っていなくても乗れるのはなぜでしょうか。

解　答

○─　運動をすることにより身につく能力 / 調整力を知る

　様々な空間で運動をすることにより、調整力を高めます。

　体力・運動能力の要素としてここでは、平衡性、敏捷性、協応性、速さ（スピード）・反応動作時間の速さや急速な移動の時の立ち直り動作も調整力と考えます。

【瞬発性】

一気に筋力を発揮する能力。

動きの例

「スタートダッシュ」「遠くに跳ぶ」「高く跳ぶ」「急に押す」など。

【敏捷性】

身体あるいは身体の部分の方向を素早く変える能力。

動きの例

「ボールをよける、リズムにあわせて動く、ジグザグ走り」など。＊筋肉の緊張と弛緩（しかん）が滑らかに、リズミカルにできるようになることも関係します。

【巧緻性】

正確に動く、巧みに動く能力。

動きの例

「階段の昇り降り」「小さなカゴの中へボールを投げ入れる」など。

【平衡性】

全身の位置や釣り合いを知る能力。

動きの例

「線の上を歩く」など。歩行時の動的バランス、「片足立ちなど」の静的バランスがあります。平衡性は発育とともに次第に高くなり20歳頃にはほぼ完成する。平衡性が高いと集中力も高いといわれています。

【協応性】

目で見て手や足の動きの調整ができる能力。幼児の調整力の中で最も重要な能力です。

動きの例

「飛んでくるものを受ける、ボールを投げる・捕る、手足を使ってグーパー跳び、短縄とび、四つ足あるき」など。＊協応性を高めることにより、様々な動きが滑らかにできるようになります。幼児期には、積極的に高めたいとても重要な能力です。手足・体を同時にまたはバラバラに動かすことは、初めは動きがぎこちなくても、経験を重ねると滑らかに動けるようになります。そのため協応性は、技術的な学習にも関

係します。

【柔軟性】

関節の可動性を指し、筋力の伸展性や弾力性に大きく関与します。

動きの例

「身体を前後左右にまげたり、しゃがんだり、狭い所をくぐりぬけたりする」など。柔軟性が高いと、怪我をする割合も低くなります。

【持久性】（全身持久力・筋持久力）
・全身持久力/全身運動が長くつづけられる能力（有酸素運動）。

動きの例

「長い時間走り続ける（マラソン）・長い時間跳び続ける」など。

　＊幼児期は心肺機能の発達が十分ではなく、幼児自身の自発的な運動的活動には、持久性能力を必要とする活動はあまり見られない。（走り続けられる距離は、約200〜300m、身体的にも腹式呼吸の時期のため、酸素を肺に取り入れた運動は長く続きません。そのため胸式呼吸ができるようになるおおよそ小学校低学年以降、肺に酸素を取り入れる身体になったときに長い時間走れるようになり、マラソンが可能となります。そのため幼児期の全身持久力は、あまり重要な要素ではありません。

・筋持久力/筋の収縮を何度も働かせる。または、筋肉に一定の負担がかかった状態で持続的に運動をするときに必要な能力。

動きの例

「ぶらさがりながら移動、跳び続ける、引っ張り続ける」など。

　筋持久力のなかにも、静的筋持久力と動的筋持久力があります。静的筋持久力は、一定の姿勢を同じ状態で維持する能力です（例えば、鉄棒にぶら下がり何秒我慢できるか、体支持で何秒我慢できるかなど）。幼児期に静的筋持久力を高めると、我慢強い子どもに育つと言われています。実際に子ども達に鉄棒にぶら下がり、何秒間我慢できるか、というゲームをすると、静的筋持久力以外の面から、数秒すると手のひらが痛いとあきらめる子、手が痛くても顔をしかめながら我慢する子と分かれます。様々な子ども達を見てきましたが、後者の方が運動以外の面でも最後まで挑戦する姿が多く、精神面からの強さの違いがあります。

　動的筋持久力は、筋力は、筋肉が1回の収縮で発揮できる最大の力であるのに対し、筋持久力はその筋力が持続できる能力、つまり筋肉が繰り返し収縮し続けられる能力

です（例えば、鉄棒で懸垂、腕立て伏せ、スクワットなど）。

　一般的に全身持久力を高める方に目を向けやすいですが、筋肉が発達する思春期までは自重負荷で筋力を高めることがとても重要となります。特に幼児期は、筋持久力的にも精神的にも、前向きにチャレンジする我慢強い子ども達に育てるためにも、積極的に静的筋持久力を取り入れましょう。

【速　　度】
　単純な動作を速く繰り返すことができる能力。速く跳ぶ、速く走る、速く手をたたく、というような単純な動作を速く繰り返します。

◖課　題◗
　幼児期は、持久力の中の「筋持久力・全身持久力」どちらを高めますか。

◖解　答◗
(　　　　　　　　　　　　　　　　　　　　　　　　　　　　　　　　　　　　)

◖課　題◗
　幼児期は、筋持久力の中の「静的筋持久力・動的筋持久力」のどちらを高めますか。その理由も簡単に記入してください。

◖解　答◗

　　幼児期に特に高めたい調整力は、瞬発性、協応性、敏捷性

　幼児期は瞬発性「全力で筋力を発揮する能力」、協応性「全身をスムーズに操作できる能力」、敏捷性「機敏な動きを身につける能力」を身につける最適な時期となります。

　　児童期に特に高めたい調整力は、敏捷性、協応性、巧緻性

　幼児期の「全力で筋力を発揮する能力」「全身をスムーズに操作できる能力」「機敏な動きを身につける能力」に加え、さらに末端まで丁寧に動きができるようにする最適な時期となります。

子どもの発育・発達と基本運動

GOAL：発育・発達を理解して幼児期に身につける
基本運動を理解する

1 移動運動からスポーツの基本となる動き

移動運動と基本運動の理解

【移動運動】

　移動運動とは、『ころがる・這う・立つ・つかまり歩行・歩行（不安定）』の動きのことで、人間が生まれてから歩くまでの過程の動作です。個人差がありますが、自然と身についていきます。

【基本運動】

　基本運動とは、スポーツの基本となる動きで36の動きがあります。基本運動も個人差がありますが、自然と身につけられる行動です。幼児期は、発達に合わせ身についていく「基本運動」を組み合わせることにより、より複雑な動きができるようになります。獲得した基本運動を楽しくおこない、体のバランスを維持、周囲の状況を予測する能力、身のこなし等の調整力を養い、不安定な場所でも姿勢を立て直し、状況変化に対応できることが重要となってきます。

2 基本運動の重要性

　基本運動は、体に過敏な動きを展開することで、無理なく多様な動きを身につけることができます。幼児は、一般的にその時期に発達していく体の諸機能を使って動こうとしています。発達に合わせた運動をすることは、それらの機能が一層促進されるとともに、怪我の予防になります。空間・環境等を変化させることにより、子ども達は、身体機能を十分に動かすため、活動意欲を満足させ運動有能感を育みます。

　ジャンプをしながら、手のひらを開いたり閉じたり、狭い場所や狭いトンネルを四つ足でくぐったり、「動きはじめる⇒止まる」などの繰り返し、このような簡単な動きでも子どもたちの脳はフル回転しています。

課題
1
動画を視聴して課題に取り組んでみましょう。

子どもの発育発達と基本運動

基本運動からスポーツの基本となる動き

課題
1

基本運動を３つに分類

　基本運動36種類を３つに分類してみましょう。基本運動を「部位・時間・空間・力」などに変化させ、子ども達が自発的に多様な動きを獲得できる環境づくりが大切です。

【バランス】　体のバランスをとる動き（9種類）
　　立つ　起きる　回る　組む　渡る　ぶら下がる　逆立ち　乗る　浮く

【移　　動】　体を移動する動き（9種類）
　　歩く　走る　跳ねる　滑る　跳ぶ　登る　這う　くぐる　泳ぐ

【操　　作】　人やものを操作する動き（18種類）
　　持つ　支える　運ぶ　押す　引く　押さえる　漕ぐ　つかむ　捕る　わたす
　　積む　掘る　投げる　振る　打つ　蹴る　当てる　倒す

基本運動・調整力の理解を深める

課題1

　基本運動を組み合わせると様々なスポーツができます。各問題の基本運動からどのようなスポーツができるか考えてみましょう。

①スポーツの主な基本運動

走る・跳ぶ・避ける・投げる・捕る・転がす・蹴る・押す・組む

解　答　スポーツ名　（　　　　　　　　　　　　　　　　　　　　　）

②スポーツの主な基本運動

歩く・走る・跳ぶ・投げる・蹴る・捕る

解　答　スポーツ名　（　　　　　　　　　　　　　　　　　　　　　）

③スポーツの主な基本運動

歩く・走る・捕る・投げる・打つ・跳ぶ

解　答　スポーツ名　（　　　　　　　　　　　　　　　　　　　　　）

課　題2

テニスには、主にどのような基本運動が含まれていますか。

解　答

基本運動　（　　　　　　　　　　　　　　　　　　　　　）

課　題3

基本運動を様々な空間で運動すると調整力を養うことができます。

①〜④までのサッカーのプレイ中におこなう「走る」は、どのような調整力が必要ですか。

解　答

①ボールチェンジとなり、全力で走る　（　　　　　　　　　　　　　　　　）

②真っすぐ正確に走る　（　　　　　　　　　　　　　　　　　　　　）

③相手チームのディフェンダーを避けながら走る　（　　　　　　　　　）

④最後まで走り続ける　（　　　　　　　　　　　　　　　　　　　　）

乳幼児期の発達を理解する

**GOAL：発育・発達を理解して、個々の発達に合わせ
適切にアプローチができる**

1 発達過程の理解

　子どもの発達には、おおまかな道筋や流れがあり、これを「発達過程」と呼んでいます。一人ひとりの子どもが、その道筋をそれぞれのペースでたどって発達していきます。子ども達の様々な能力は、一人ひとり同じスピードで発達するとは限りません。そのため私たちは、発達の流れを理解しながら、個人の発達の特性などを尊重し発達に合わせたアプローチが重要となります。

　今回は、子どもの発達過程を年齢区分ごとにわかりやすく「おおむね」と表記しました。またその時期におさえておきたい子どもの特徴的な姿やポイントを「からだ」・「あたま」・「こころ」と３つに整理してあります。これは、その時期に見られる子どもの特徴的な姿を表わし、指導の参考用にわかりやすく表現したものです。ここでは、からだ（運動機能）を中心に学習を進めていきましょう。

課題1

各年齢別に問題が記入されています。表示されている箇所から解答を探し記入して下さい。
（※「課題1」の解答は「課題2」動画の最後に記載しています。）

3.幼児期の発達を理解する

発達過程の理解

課題1

　各年齢別に問題が記入されています。表示されている箇所から解答を探し記入して下さい。

※「課題１」の解答は「課題２」（P.32）動画の最後に記載しています。

2　おおむね６か月未満〜６歳までの発育発達

おおむね６か月未満

からだ（運動機能）

・首がすわる。

・寝返り、腹這いなど全身の動きを楽しむようになる。

・音や声のする方に顔をむける。

あたま（言葉・認識）

・「アークー」「ブーブー」などの喃語を発するようになる。

・目の前にあるものを、触ったり口に入れたりして確かめる。

こころ（感情・社会性）

・あやすと笑うようになる。

・表情や体の働きで、自分の欲求を表すようになる。

・特定の大人と、情緒的な絆が形成される。

課　題

　首がすわるようになると、五感の中で何が発達するのでしょうか。

＊ヒントはP.14「五感（情報収集）と神経系の発達」参照

解　答

（　　　　　　　　　　　　　　　　　　　　　　　　　　　　　　　　　）

課　題

　０歳児から２歳児の発達を促す運動は、どのような動きが適切でしょうか。

＊ヒントはP.32「発達を促す運動　０歳〜２歳児」参照

解　答

（　　　　　　　　　　　　　　　　　　　　　　　　　　　　　　　　　）

乳幼児期の発達を理解する

おおむね 6 か月 ～ 1 歳 3 か月未満

からだ（運動機能）

・お座り、ハイハイ、つかまり立ち。

・伝い歩きをするようになる。

・手を自由に動かすようになる。

・離乳食から段階を踏んで幼児食へ移行させる。

あたま（言葉・認識）

・簡単な言葉がわかるようになる。

・自分の欲求を、身ぶりや指さしで伝える。

こころ（感情・社会性）

・特定の大人との、情緒的な絆が深まる。

・一方、人見知りをするようになる。

・身近な人や物に興味を示す。

（ 課　題 ）

1 歳児からの発達を促す運動は、どのような動きが適切でしょうか。

＊ヒントはP.33「発達を促す運動　1 歳から」参照

（ 解　答 ）

(　　　　　　　　　　　　　　　　　　　　　　　　　　　　　　　　　　　　　　　)

（ 課　題 ）

ハイハイ、つかまり立ちができるようになりました。発達を促す運動はどのような動きが適切でしょうか。

＊ヒントはP.32「発達を促す運動　0 歳から」、P.33「～ 1 歳から」参照

（ 解　答 ）

(　　　　　　　　　　　　　　　　　　　　　　　　　　　　　　　　　　　　　　　)

おおむね 1 歳 3 か月 ～ 2 歳未満

からだ（運動機能）

・歩き始め、自分の意思で体を動かせるようになる。

・つまむ、めくるなどの運動機能が発達する。

あたま（言葉・認識）

・片言や指さしを使い、二語文を話し始める。

・意思を伝えようとする欲求が高まる。

・大人の言うことが、わかるようになる。

こころ（感情・社会性）

・身近な人や物に自分から働きかける意欲が育ってくる。

・人と物のやり取りをしたり、取り合ったりするようになる。

・見立て手遊びが始まる。

課　題

つまむ・めくるができるようになりました。どのような遊具を与えるのが適切でしょうか。

解　答

（　　　　　　　　　　　　　　　　　　　　　　　　　　　　　　　）

おおむね2歳

からだ（運動機能）

・排泄のための体の機能が整う。

・走る、跳ぶなど、体を思うように動かせるようになる。

・指先が器用になり、衣服の着脱、紙をちぎる、貼るなどができるようになる。

あたま（言葉・認識）

・自分の意思や欲求を言葉で表そうとする。

・言葉の数（語彙）が急激に増える。

・イメージを膨らませることにより、象徴機能がより発達する。

こころ（感情・社会性）

・自己主張が強くなり、自分でやりたがる。

・簡単な「ごっこ遊び」を大人と楽しむようになる。

2歳〜6歳「ジグザグ」の違い

　発育・発達に合わせて基本運動を適切にアプローチすると運動能力が高まります。

2歳〜6歳「蹴る」の違い

　発育・発達に合わせて運動をアプローチすると、積極的に取り組みます。

おおむね3歳

からだ（運動機能）

・基本運動（基本的な運動能力）が発達する。

・食事、排泄、着替えがほぼ自分でできるようになる。

あたま（言葉・認識）

・あいさつや返事などの言葉を、自分から使えるようになる。

・「なぜ？」「どうして？」という質問が多くなる。

・言葉による表現がますます豊かになってくる。

こころ（感情・社会性）

・ごっこ遊びをより一層楽しむようになる。

・友達との関わりが増え、トラブルが多くなる。

・決まりごとをまもろうと思うようになる。

(課　題)

3歳〜4歳の発達を促す運動は、どのような動きが適切でしょうか。

＊ヒントはP.34「発達を促す運動　3歳から」参照

(解　答)

(　　　　　　　　　　　　　　　　　　　　　　　　　　　　　　　　　　　　)

◯ おおむね4歳

からだ（運動機能）

・全身のバランスがとれるようになり、体の動きが巧みになる。

・二つの異なった動きが、同時にできるようになる。

あたま（言葉・認識）

・友達とイメージを共有しながら、ごっこ遊びを楽しむようになる。

こころ（感情・社会性）

・他の人に見られていることを意識して、行動するようになる。

・目的を持って行動するようになる。

・自分の気持ちを抑えたり、葛藤を経験したりする。

(課　題)

4歳〜5歳児の発達を促す運動は、どのような動きが適切でしょうか。

＊ヒントはP.34「発達を促す運動　4歳から」参照

(解　答)

(　　　　　　　　　　　　　　　　　　　　　　　　　　　　　　　　　　　　)

おおむね５歳

からだ（運動機能）

・運動機能がますます伸び、喜んで運動遊びをする。
・体全体を使った複雑な動きができるようになる。
・基本的な生活習慣が身に着く。

あたま（言葉・認識）

・自分たちで決まりをつくって遊びを楽しむようになる。
・言葉による共通のイメージを持つ。
・批判したり、判断したりする力がつく。
・言葉で自分の考えを伝える力が身につく。

こころ（感情・社会性）

・仲間と同じ目的を持って、遊んだり、行動したりできるようになる。
・我慢することや決まりを守る大切さがわかる。
・人の役に立つことをうれしく感じる。

［課　題］

　５歳～６歳児の発達を促す運動は、どのような動きが適切でしょうか。
＊ヒントはP.35「発達を促す運動　５歳から」参照

［解　答］

(　　　　　　　　　　　　　　　　　　　　　　　　　　　　　　　　　　)

おおむね６歳

からだ（運動機能）

・様々な遊具を使って、活発に遊ぶようになる。
・ダイナミックな遊びができるようになる。
・手先が器用になる。

あたま（言葉・認識）

・文字が読めるようになる。
・文字、数字、記号により興味を持ち、自分で書こうとする。
・予想や見通しを立てる力がつく。

こころ（感情・社会性）

　　・自立心が高まってくるが、身近な大人に甘えるときもある。

　　・仲間の意識を大切にして、役割分担も生まれる。

［課　題］

　6歳〜7歳児の発達を促す運動は、どのような動きが適切でしょうか。

＊ヒントはP.35「発達を促す運動　6歳から」参照

［解　答］

（　　　　　　　　　　　　　　　　　　　　　　　　　　　　　　　　　　　　　）

［課　題］

　幼児期後半になるとことばの機能も発達してきます。ことばの機能が発達する時期に大切なことが3つあります。セッション17「体を操作しながら、ことばの機能を育てていく」も同時に確認しておきましょう。

［解　答］

（　　　　　　　　　　　　　　　　　　　　　　　　　　　　　　　　　　　　　）

③　発達に合わせた運動の理解

◎　個々の発達に合わせた運動のアプローチ

　幼児は、一般的にその時期に発達していく体の諸機能を使って動こうとします。発達に合わせた運動をすることは、それらの機能が一層促進されるとともに怪我の予防にもなります。この時期に身体諸機能を十分に動かすことは、活動意欲を満足させ有能感を育みます。また活発に運動がこなせる子どもに対し、発達の特性を無視し体に過重な負担をかけ、高度な動きを求める場合があります。それは、子どもの体に過重な負担がかかり、怪我またはやる気までなくしてしまいます。成長は、個人差が大きいため、全般的な発達の理解だけではなく、一人ひとりの発達に応じた動きが重要となってきます。

課題 2　動画を視聴して課題に取り組んでみましょう。

3.幼児期の発達を理解する

個々の発達に合わせた運動のアプローチ

課題 2

---

⑤ 発達を促す運動　０歳〜２歳児

　おおむね０歳〜２歳の子どもたちは「感覚を育てる」。

　人間に大切などんな環境でも適応する能力を育てます。

　強い・弱い・遠く・近く・早い・遅い等の感覚機能や、見る・聞く・触る・におい
をかいだり・味わうことや季節の移り変わり、自然を感じたりする物事を感じ取る心
の働きやコミュニケーション能力・情緒を育てます。

　握る動作を例にあげると、ただ握るだけではなく、「ぎゅっと強く」など動作をあ
らわす擬容語などをたくさん使いながら、動作がどのような状況なのかを声をかけて
感覚を教えることが大切です。

発達を促す運動

**【０歳から】把握反射を利用して、握るから始める（セッション５「手のひらから体を
操作する能力を育てる」参照）**

　一年を通じて、動くことの楽しさを習得します。反射や移動運動を中心に発達に合
わせた動きを経験して基本能力を養うことが大切です。この時期は触覚も敏感に働き
ます。ことばを掛けながら体全体に触れ、軽く「スリスリ」「もみもみ」「指を握ら
す」「足や手を動かす」などスキンシップをとりながら笑顔でおこないます。

　首がしっかり座ってきたら、指を握らせて引き起こすことをしていきます。

【1歳から】 **習得した基本運動を繰り返し色々な空間でおこなう《主に瞬発性・筋持久力・柔軟性を高める》**

　発育・発達に合わせ、身についた基本運動に変化をつけ様々な空間、環境で運動経験をします。発達に合わせ「転がる、四つ足あるき、歩く」を中心に、手のひら、足の裏を育てる動きをたくさん取り入れ、この時期にからだを動かすことを習慣にすることが大切です。

【2歳から】 **基本運動を確実に繰り返し全力でおこなう《主に瞬発性・筋持久力・柔軟性を高める》**

　感覚遊びからバランスのとれた移動運動、基本運動を経験。単純な動きに変化をつけて、たくさんの運動経験をしながら、動くことの楽しさを習得します。歩く、走る、ジャンプといった基本運動ができるようになった子ども達は、積極的に動き始めます。この時期は、運動することを習慣にすることが大切です。

《子ども達の調整力を高める》

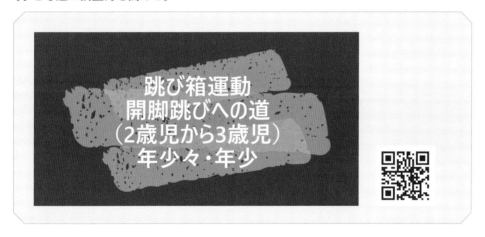

　跳び箱運動の開脚跳びに必要な「基本運動」を多様な環境で実施します。

　この動画は、発達に合わせた運動をしていき、開脚跳びを習得していく様子が観られます（P.33「発達を促す運動　1歳から」「〜 2歳から」、P34「〜 3歳から」参照）。

◯ 発達を促す運動　3歳〜6歳児

　おおむね3〜5歳の子どもたちは、「五感」を刺激します。

　この時期多くの子ども達は、ことばが理解できるようになってきます。どこの筋肉を使って動かすか、触れ「触覚」・見本で表現したことを見させ「視覚」・擬態語、擬容語等のことばを耳で聞かせる「聴覚」から伝えることが大切です。時には「におい」を嗅ぎどんな匂いなのかを表現させ、子ども達のことばを広げながら、受容言語

をたくさん取り入れ、動きと同時にことばの機能の発達を促します。

　様々な運動経験を通じ五感を刺激しながら、自分のからだの部位や名前、機能を理解していきます。動作をしながら、どこの筋肉を意識して（使って）運動をすると体がどのように動くのかを経験させていきます。

　指導の際は、意識してほしい部分に触れ、触覚を刺激しながら動作をすることが理想です。動きがわからない、自分の身体を操作できない子どもたちは、どこに力を入れるのかが理解できません。そのため運動をするにはどこの筋肉を使っているか、その場所を示し（触れ）そこの筋肉を意識して動かすと、やりたい動き（運動）ができます。≪筋肉の感覚≫を教えることが大切です。

　例えば、肘を曲げたまま力を維持するためには、上腕二頭筋の部分に触れ、その部分に力を入れていると曲げたまま力を維持できることを経験させていきます。

発育・発達に合わせて習得した基本運動をさらに学習させるためには

五感 /（視覚・嗅覚・触覚・聴覚・味覚）を刺激

筋肉の感覚（どこの筋肉を使っているか触れてあげる）

↓

知覚/意味づけ（こうするとこうなる）

↓

認知/頭の中で理解

　模倣の時期を得て、ことばの機能を発達してくる頃に、からだをどのようにすれば上達するのかを伝えながら動きを習得することも運動能力を高める近道となります。

発達を促す運動

【3歳から】体のバランスをとる動き・移動する動き、操作する動きを自ら進んで繰り返しおこなう《主に平衡性・協応性・瞬発性・筋持久力・敏捷性を高める》

　移動運動・基本運動を全力で確実に行えるようにします。また、強弱がつけられるようリズムよくできるようにし、大きな動きを身体で表現できることが大切です《協応性・平衡性・瞬発性を高める》。

【4歳から】動きを「巧みに」「リズムよく」「力加減」ができるようにする《主に柔軟性・筋持久力・協応性・敏捷性・巧緻性を高める》

　獲得した動きを器用にこなせるようにします。大きな動きから細かい動きまでこなせ、機敏なメリハリのある動きを目指します。この時期は、怪我をしない巧みな動きができるからだの基礎をつくることが大切です。

【5歳から】複数の動きを「同時」「連続的」「バラバラ」にできるようにして、その動きを「確実」におこなう《主に協応性・持久性・巧緻性・平衡性を高める》

　周囲の状況に合わせ的確な判断、また予測に基づいて行動する能力を養います。この時期から無駄な動きをなくし確実におこなえるようにします。

【6歳から】「バランスをとる動き」「移動する動き」「操作する動き」を取り入れる《主に平衡性・協応性・巧緻性・敏捷性・持久性を高める》

　様々な経験を基に無駄な動き、過剰な動きがなくなります。また経験した基本運動がより滑らかに進行できることが期待されます。複雑な動きや機敏な動き等様々なルールの中で、運動遊びを経験することが大切です。

足裏から体を操作する 能力を育てる

GOAL：足裏の重要性（裸足で運動する効果）を理解する

1 裸足で運動する効果

裸足で運動することにより、足部アーチの適応能力がアップする

　安全面を考え野外では、靴を履いています。長い期間足を靴で保護をされながら生活をしていると、足の指を使いきれなくバランスが悪い上扁平足になりやすいといわれています。

　靴を脱ぎ裸足で運動をすることにより、同時に5本の足指の付け根から足全体にかけて底屈が強固におこなわれ、土踏まず（横アーチ/前部アーチ）の形成や発達につながり、身体全体の姿勢やバランスの制御といった効果があります。

　アーチ（土踏まず）があり弾力がある足裏は、足指全体に柔軟性もあり、10本の指が器用に動きます。足裏全体をしっかり使い、刺激、頻繁に使われることにより、柔らかく弾力のある足裏になります。

課題 1　動画を視聴して課題に取り組んでみましょう。

⑤ 裸足で足の裏を刺激することにより、身体全体に刺激を与えている

　足裏は、第二の心臓といわれ、体の全体が人間のある一部（手、足、耳、顔等）に縮小され、反射投影されているという考え方があります。そのため、裸足で活動し、足裏を頻繁に使い、直接皮膚から様々な刺激を受けることにより、体全体を刺激していることになります。そして、刺激を受けた足裏は、柔らかく弾力のある足になり、きれいなアーチ（土踏まず）ができあがります。しかし、現代の人間の足は、靴により保護をされ、かつ平坦で整った地面で活動するため、地形や地表の状態に対する足部のアーチ（土踏まず）の適応能力が低下し、アーチがなく平坦な足が増加しています。これを扁平足といいます。扁平足は、足裏も固く動きも良くありません。アーチがある人と一般的な扁平足の人との運動能力を比べると、アーチがある足は、リズム感がよく、スタートダッシュの蹴り出しや、ジャンプ力、鉄棒の逆上がりなど、調整力や運動感覚もすぐれているという統計がでています。例外として、スポーツ選手（アスリート）などで足底筋が特に発達し、アーチがない場合もあります。

| アーチがない足の裏（扁平足） | アーチがある足の裏 |

手のひらから体を操作する能力を育てる

GOAL：手の動きの基礎を理解できる

1 手と脳の関係

　人間がうまく手を動かすには、脳が正常に動いていなければなりません。逆にいえば、日常生活の中で手を十分に動かすことが、脳に刺激を与え、活動をより活発にすることにもなります。また、手には感覚器官として外の情報を集めて、さまざまな情報を収集する能力があります。乳幼児期からこうした外界情報に接することができれば、それだけ脳が発達するということになります。つまり手の動きは脳の働きに支えられ、またその脳の働きは手を使うことによって育つのです。

手の動きの基礎を育てる

　力強く握る「パワーグリップ」や手のひらで体重を支える「手掌（しゅしょう）支

持」（腕支持）の経験によって手の動きの基礎が育ちます。基礎ができていると、指の「つまむ機能」と「握る機能」も発達していきます。

　力強く握る・手のひらで体重を支えることなどを経験することにより、指先・手先が器用な子どもに育てることができます。

② 幼児期に手を動きの基礎を育てる動きを取り入れる………

　発達に合わせて運動をすることは、それらの機能が一層促進されるとともに怪我の防止にもなります。子どもの発育・発達に合わせて、できるようになった動きを楽しみながらおこないます。また幼児期、児童期でも手の動きの基礎を育てることはとても重要です。

つまむ・持つ・握る動作

【指の役割】

親指・人差し指・中指　　→　　持つ役割

薬指・小指　　　　　　　→　　握る役割

指先の器用さとは、親指・人差し指・中指が思い通り動かせること

【指先・手先の器用さ】

指先の器用…親指・人差し指・中指が器用に動かせること。

手先の器用…親指・人差し指・中指・薬指・小指　全ての指が器用に動かせること。

3本の指でつまむ動作（手や指の動かし方を身につける）

　指先が器用になり、シール貼り、ボタンをつけたり・外したり・箸の持ち方にもつながります。手のひらで体重を支える「手掌支持」（腕支持）が経験できる様々な空間や環境を設定し、手の動きの基礎をつくることが重要です。

　幼児期、児童期でも手の動きの基礎ができていない子ども達には、「手掌支持」（腕支持）の経験が不足していた可能性があります。　「歩く」「走る」ことができていても「手のひらでしっかりと体重を支える」運動が必要となり、手のひらを育てることがとても重要になります。

握る、開く動作で手のひらを育てる

動　作

　手のひらをひらく〜握る「グーパー」「グーチョキパー」「1、2、3、4、5」など指を使って数えるなど。

　運動前の準備体操また手軽にできるので、普段から取り入れていきたい動きです。

【肩回し】

動作

肩回し「左右握り拳をつくり、そのまま肘を曲げて肩を回す」

運動前の準備体操でおこなう動き、グルグル楽しく回しましょう。

ポイント

両手をしっかり握ることを意識させる。

※肩まわしを大きく、早くまわすなど、動きに変化をつけながら握ることも意識させます。

【手首回し】

動作

手首回し「合わせた両手の指を組み～手首を回す」

ポイント

両手の指をしっかり絡ませて指を組む、組んだまま、表にしたり、裏返したりします。また手を組んだまま足を通したり、戻したりする動作も平衡性を高められる楽しい運動です。

【指タッチ】

動作

指タッチ「指導者が出した指と同じ指で、タッチする」

ポイント

大人の差し出した指の中心を見ながら集中してタッチします。様々な指を出してあげ、指合わせを楽しみ、スタートダッシュ等のスタートに指タッチを使うと集中も持続します。

【手のひらタッチ】

動作

手のひらタッチ「指導者の開いた手を同じように手のひらでタッチする」

ポイント

　手の大きさの違いを知ることや強弱、やさしく、早く、ゆっくり等の違いも楽しみましょう。この動作もスタートダッシュに最適です。

【グータッチ】

動　作

　グータッチ「指導者が握ってグーにしたこぶしを同じようにグーにしてタッチする」

ポイント

　握る強さの違いを意識させます（強弱）。また握る強さを維持しながら、弱く、ゆっくりタッチする等動作の変化を楽しみます。

⑤　つかむ、握る動作で手のひらを育てる

【しがみつき】

動　作

　両手、両腕、両足を使ってしがみつく。

ポイント

　抱っこやおんぶなど大人にしてもらい、落ちないようにしがみつきます。なるべく自力でおこない、両手、両腕、両脚、また全身力を入れてしがみつくことを楽しみます。重力に負けないように体を丸くして全身に力を入れるように指導します。全身に力を入れることができると、身を守る力も養われます。
＊慣れてきたら、マット・座布団、ヨガマット、ロープ、鉄棒等様々なものに挑戦します。鉄棒の器具を使用した場合は、動作（ぶら下がり　手・足）、コアラのような動きへとつながります。

【握る】

　鉄棒や棒、ロープなど様々なものを握ってぶら下がる。また握った棒やロープを大人に引っ張ってもらい、握る楽しさを知る。

　握るものが子どもの手のひらよりも大きい場合は、サル手（親指を掛けずに握ること）でも可能です。握力がつき手の大きさも大きくなってきたら、順手でしっかり握れるように指導します。鉄棒運動の足抜きまわりや尻上がりを習得する頃には、順手で握れるようにすることが鉄棒の技の習得にもつながり怪我の防止にもなります。

【引き起こし】

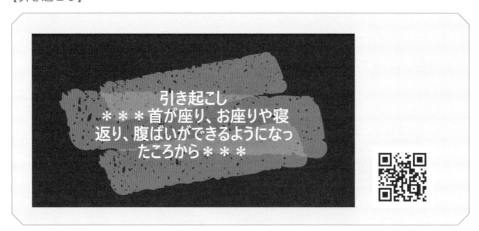

引き起こし
＊＊＊首が座り、お座りや寝
返り、腹ばいができるようになっ
たころから＊＊＊

　首が座り、寝返り、腹這いができるようになったら始める。

　赤ちゃんは、仰向けで寝かせてから、両手で指導者の親指を左右握らせる。そのま

ま少し引き起こし動作の後半は、自分の力で起きるように促す。

ポイント

　おむつを取り替えてから起こすときは、この動作を取り入れることにより、手のひらが育ち、握力、体支持力、指先、手先の器用さへつながります。また引き起こすことにより、全身の力の入れ方がわかり身を守ることへつながります。
＊この運動は、長座で向かい合い親子体操で導入することができます。幼児期後半から、自重負荷のトレーニングとして腹筋運動へと動きが変化します。

⏺ 体を支える動作で手のひらを育てる

【ずりばい（ほふく前進）】

動　作

　腹這いになり、ほふく前進をする。

ポイント

　体を伸ばしうつぶせの状態になり、ほふく前進のように前進します。両腕や手のひらなどを使い色々な進み方を楽しみます。でこぼこや柔らかいマット、または大人の足のトンネル等目標物をつくって移動します。動作を楽しむことが大切です。

【臥位（がい）支持（腹臥位支持）】

動　作

　腹ばいで支持をした状態から、①「両手で上体を押し上げて床から離し、その後再び腹這いになる」、②「床から体を持ち上げ、その後支持立ちあがる」

腹ばいから、立ち上がることで、無理なく手のひらで押しながら、腕、足、背筋、腹筋を使うことができ、何より平衡感覚も養われ、自分の体を自分の手のひらで支持できるようになります。

【腹這いになり、なだらかな坂を滑る】

重　要

首が座り移動運動の寝返りが自分でできるようになったら始める。

動　作

坂の下に両手を向けて、うつぶせの状態で滑る。

環　境

最初はなだらかな小さな坂。ハイハイや歩けるようになったら頃からは、少しずつ距離や角度をつけて楽しみます。

ポイント

小さななだらかな坂をつくりうつ伏せの状態で滑る動作を楽しみます。必ず両手を進行方向へ向けて支えてあげ、自分の体を両手の手のひらで支えられるように、補助をしながら促してあげ、滑る動作を楽しむことがポイントです。成長に合わせて坂の状態に変化をつけてあげます。この動作を続けることにより、腕力だけではなく、体支持に必要な握力や背筋、腹筋など成長に合わせて筋力がつき、自分の体を支えることができるようになります。

【ハイハイ（四つ足）】

動　作

手のひらを開きしっかりと着く、ハイハイまたは四つ足の状態で移動する。

ポイント

単純なハイハイなど幼児期になると行わなくなる移動運動は、様々な環境を設定して空間認知能力を高めることが重要です。様々な空間を設定して「くぐる、四つ足で跨ぐ、よじ登る」などの動きを経験することは、全身を使って操作する動きで、自分の頭から手先、指先までのボディイメージ（頭からつま先や体の幅や大きさ）がつきます。自分のからだのイメージがあると全身の操作がスムーズになり、ぶつかることや転ぶことが減ります。

ハイハイや四つ足移動でトンネルくぐりをする時は、動きをゆっくり、丁寧に行う

ように伝えます。そのような経験から、全体的な行動が丁寧になっていきます。

＊幼児期にハイハイの動きを取り入れる際、「人差し指、中指、薬指、小指」の手の指4本を第二関節までまげて「ハイハイ」をする子どもがいます。その場合は、子どもの発達状況に寄り添いながら、手を開き「ずりバイ」や臥位支持の動きなどを取り入れ「手のひらをしっかり開き体を支える」ように促していきます。

【体支持から壁のぼり逆立ち（腹)】

動　作

　両手を着き、その際肩よりも足を高く上へ両足で登る。足をかけ、両手で体を支え支持をする。できる環境であれば、壁に足を掛けて壁のぼり逆立ちに挑戦していきましょう。

ポイント

　肩幅に手を開き、手のひらをつきます。両手の手の間をしっかり見て、肘や体を伸ばし全身に力を入れて真っすぐになるように指導します。

　壁に限らず高い台のようなものへ足をのせても良いでしょう。

移動運動から体を操作する能力を育てる

GOAL：「寝返り」＝「転がる」から始まる移動運動の重要性を理解する

1 移 動 運 動

【横回り】

動 作

手足を伸ばし横に転がる。

調整力

平衡性

おいもゴロゴロ

手足を伸ばし、うつ伏せからスタートできる **A**

体を伸ばし、同じ方向へ回ることができる **B**

元気よく回ることができる **C**

最後まで、マットの上で回ることができる **D**

　横まわりをすることで、体のバランスを整え体を操る基礎を身につけることができます。移動運動「寝返り」から基本運動「転がる」へ動作が変化します。基本運動の「転がる」は、真っすぐ動作ができるように全身を使って転がる動きを身につけます。横まわりをすることで、体のバランス（平衡性）を整え自分の体を操る基礎を身につけることができます。発達過程で身につく基本運動を様々な環境で経験して動く楽しさを知ります。平坦な所だけではなく、でこぼこした状態のもの、また坂など様々な環境を設定して、全身を使いながら横に転がりましょう。

【ハイハイ】

動　作

両手両膝をついた状態のまま四つ足で歩く。

調整力

協応性・平衡性

トンネルくぐり

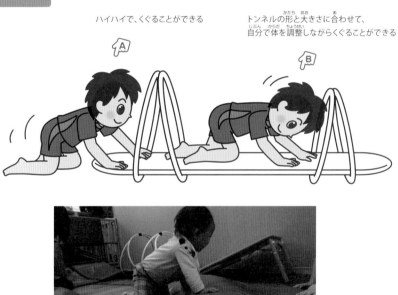

ハイハイで、くぐることができる

トンネルの形と大きさに合わせて、
自分で体を調整しながらくぐることができる

ポイント

　基本運動は四つ足歩きまたはハイハイで、フープやマット等でくぐる環境をつくり

移動運動から体を操作する能力を育てる

6

移動します。移動する方向・体の向きを変化させると楽しさが倍増します（前・後ろ・左右）

【四つ足歩き】

動作

腰を高く挙げて両手両足で移動する。

調整力

協応性・平衡性

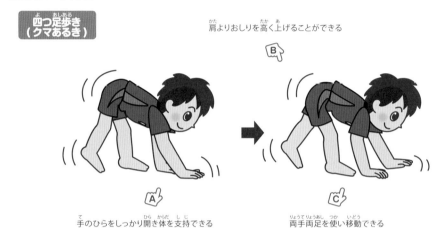

四つ足歩き（クマあるき）

肩よりおしりを高く上げることができる B

手のひらをしっかり開き体を支持できる A

両手両足を使い移動できる C

ポイント

　この動作は、調整力の協応性を高める動作の一つです。平坦な場所から坂道またはよじ登るような環境を設定して手足を十分に使った動作をたくさんしましょう。

2 基本運動

【膝歩き】

動 作

膝立ちをして、両膝で移動する。

調整力

協応性・平衡性・筋持久力

膝歩き
（ペンギンあるき）

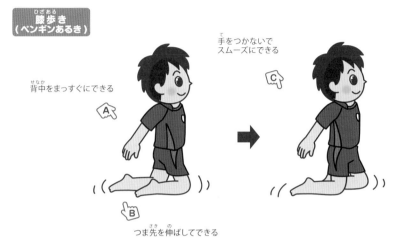

背中をまっすぐにできる **A**

B
つま先を伸ばしてできる

手をつかないで
スムーズにできる **C**

ポイント

　バランスを取りながら移動する楽しさを経験します。前向歩き・横歩き・後ろ歩き
など、進行する方向を楽しんだり、スピードを速く・遅く等したりして様々な環境を
設定します。

【V字バランス】

動 作

　長座に座った状態から、両手を後ろに着き体を支え、両足をゆっくり上げる。

平衡性・筋持久力（静的筋持久力）

∨字バランス（ぶいじ）

つま先（さき）まで、足（あし）を伸（の）ばすことができる **B**

手（て）を離（はな）すことができる **C**

A 床（ゆか）に手（て）を着（つ）き、∨字（ぶいじ）の姿勢（しせい）が保（たも）てる

D 胸（むね）を張（は）り、上体（じょうたい）を起（お）こすことができる

E 10秒以上（びょういじょう）できる

ポイント

　最初は両手をついたまま足を上げ、慣れてきたら両手を離し横にあげてバランスをとります。

【背臥位支持移動】

動　作

　膝を軽く曲げて座り、両手をお尻の後ろにつき床からお尻を離す。

調整力

　協応性・筋持久力（静的筋持久力）

背面歩き（クモあるき）

膝の位置にお腹を上げることができる

Ⓑ

手のひらをしっかり開き体を支持できる Ⓐ

両手両足を使い移動できる Ⓒ

　できる限りお尻をあげて腰を膝の位置で維持できるようにします。維持ができるようになったら、前後左右へ動きバランスを取りながら様々な方向へ移動することを楽しみます。

ポイント

両手をしっかり開き、指の方向に注意する（後方へ向ける）。

基本運動を色々な角度から考えて指導する

　動きの目標、目的、ポイントを考え、どのような調整力が養われるか理解します。

【動作：転がってくるボールを捕る】

基本運動

捕る

調整力

協応性

移動運動から体を操作する能力を育てる

6

ポイント

　子ども達のレベルに合わせて、坂の角度やボールの大きさを変えて楽しみましょう。

※セクション10「器具、手具の特性を理解」に動画あり（P.73）。

【動作：手足を使い山登り】

基本運動

　四つ足

調整力

　協応性・平衡性

ポイント

　四つ足で登りやすい山をたくさん作り、手足をフルに使うように促しましょう。

【動作：トンネルをくぐる】

基本運動

　四つ足/ハイハイ

調整力

　協応性・平衡性

単純な動きなので目標がある環境設定をすると楽しめます。

【動作：体の前に手を組み自分の手を跨ぐ】

基本運動

跨ぐ

調整力

協応性・平衡性

ポイント

両手を組み、足をとおしていく。スムーズに動作ができるように促すとよいでしょう。

【動作：跳び乗る】

基本運動

跳ぶ

調整力

瞬発性

高さ、幅、安定度など様々な環境で経験をさせてあげましょう。

【動作：転がってくる ポールを跳び越す】

基本運動

跳ぶ

調整力

瞬発性

ポイント

スポンジ製のポール、ロープなど動くものに合わせてジャンプします。

【動作：ロープにぶら下がり、指導者が引っ張る】

基本運動

ぶら下がる

調整力

筋持久力（静的持久力）・平衡性

子ども達が大好きな動きです。ロープ、棒、様々な物でおこないましょう。

3 見本の動きを見て自分でイメージ
全身を使って思い切り動く

目で見て、自分の体を操作する。空間と自分の関係を楽しむ

【動作：ハシゴになっている場所を四つ足で移動】

基本運動

渡る

調整力

協応性・平衡性・巧緻性

ポイント

バランスも必要とします。最後までできると達成感で笑顔になります。

【動作：転がるフープの中を四つ足でくぐり抜ける】

くぐる

調整力

協応性、瞬発性、柔軟性

ポイント

指導者はスナップをきかせ、フープを逆回転させます。フープが止まったタイミングでくぐりぬけます。

【動作：段差がある山を四つ足で登る】

基本運動

登る

調整力

協応性

ポイント

段差をつくり、両手に体重がかかるように高低差をつくります。

【動作：台に両足で跳び乗る（膝の高さ）】

基本運動

跳ぶ

調整力

瞬発性

ポイント

跳び乗る台の大きさややわらかさなどを変化させて楽しみましょう。

【動作：両手で体を支える（腕支持）】

基本運動

支える

調整力

筋持久力・平衡性

ポイント

様々な物を使用して、支える楽しさを経験させてあげましょう。

6

【動作：ジグザグに走る（目標物あり）】

基本運動

走る

調整力

敏捷性・平衡性・協応性

ポイント

　目標となる物（コーン）を設定して、1個を手でタッチすることからスタート。2個の間を走る、3個と増やしていき、ジグザグの動作が身につくと、コーンの数を増やしてもスムーズにできるようになります。子ども達のレベルに合わせて楽しく動作を身につけていきましょう。

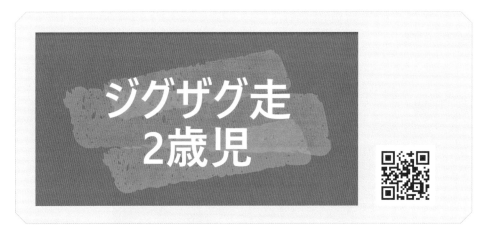

まとめ　調整力・基本運動

GOAL：様々なスポーツの基本運動と必要な調整力が理解できる

①　『Sports戦隊』スキルレンジャー　問題………

各スキルレンジャーの問題にチャレンジせよ。

スポーツ　サッカー編

シュートグリーン

> 課　題
>
> 　どのような基本運動ができるようになると、サッカーができますか。
> 　基本運動を記入してください。
>
> 解　答
>
> (　　　　　　　　　　　　　　　　　　　　　　　　　　)
>
> 課　題
>
> 　全力でボールを蹴りました。養われる調整力を2つ答えてください。
>
> 解　答
>
> (　　　　　　　　　　　　　　　　　　　　　　　　　　)
>
> 課　題
>
> 　「蹴る」とは3つのグループの中のどこに入りますか。○をつけてください。
>
> 解　答
>
> グループ　(　「バランス」　「移動」　「操作」　)

スポーツ　ダンス編

ステップピンク

課題

ダンスをする際サイドステップをしました。主な調整力を1つ答えてください。

解答

(　　　　　　　　　　　　　　　　　　　　　　　　　)

課題

真っすぐ引いてある線の上をスキップで前進しました。養われる調整力を2つ答えてください。

解答

(　　　　　　　　　　　　　　　　　　　　　　　　　)

課題

「スキップ」は、3つのグループの中のどこに入りますか。○をつけてください。

解答

グループ　（　「バランス」　　「移動」　　「操作」　）

スポーツ　テニス編

スマッシュイエロー

課題

テニスの「サーブ」という動作の「基本運動」は、何ですか。

解答

(　　　　　　　　　　　　　　　　　　　　　　　　　)

課題

「サーブ」は、3つのグループの中のどこに入りますか。○をつけてください。

解答

グループ　（　「バランス」　　「移動」　　「操作」　）

課題

テニスで相手コートのコーナーへ正確に全力でサーブした時の調整力を3つ答えてください。

解答

(　　　　　　　　　　　　　　　　　　　　　　　　　)

スポーツ　水泳編

ドルフィンブルー

【課題】
水の上で仰向けになり浮いている状態の調整力は、何ですか。

【解答】
(　　　　　　　　　　　　　　　　　　　　　　　)

【課題】
水泳の種目バタフライの基本運動は、何ですか。

【解答】
(　　　　　　　　　　　　　　　　　　　　　　　)

【課題】
　下線の基本運動を答え、３つのグループの中のどこに入るか
○をつけてください。

基本運動　(　　　　　　　　　　　　　　　　　　)
グループ　(　「バランス」　　「移動」　　「操作」　)

スポーツ　体操編

ジャンプレッド

【課題】
　鉄棒にぶら下がり30秒間我慢しました。調整力を全て答えて
ください。

【解答】
(　　　　　　　　　　　　　　　　　　　　　　　)

【課題】
　床の上に置いてあるフープを見ながら、赤のみリズムよく正
確にジャンプして移動する場合、基本運動と調整力を３つ答え
てください。

【解答】
基本運動　(　　　　　　　　　　　　　　　　　　)
調整力　　(　　　　　　　　　　　　　　　　　　)

【課題】
　赤色の丸いフープのみジャンプができると、主にどのような
能力が養われますか。

【解答】
(　　　　　　　　　　　　　　　　　　　　　　　)

【課題】
　１回で何色まで遠くに跳べるか５人でチャレンジしました。
ジャンプレッドは、他の４人よりも遠くに跳べ、次回はもっと
遠くに跳べるようなりたいと言って夢中に練習をしていました。

【解答】
ジャンプレッドはどのような経験をしましたか。
(　　　　　　　　　)感

課　題 1

動画を視聴して課題に取り組んでみましょう。

Chapter 2

[実践編]
基本運動の系統的指導法

調整力を理解し環境を整える

GOAL：実際に体を動かしながら調整力を理解。運動能力を
養うための空間や環境を考えることができる

1 基本運動を系統的に指導する考え方の基本 ....

基本運動の系統的指導のベースになる考え方

　多様な空間・環境で実施し、基本運動を「時間」「空間」「力」に変化させ経験させ
ます。そこから「対人」「対物」へと難易度を上げます。

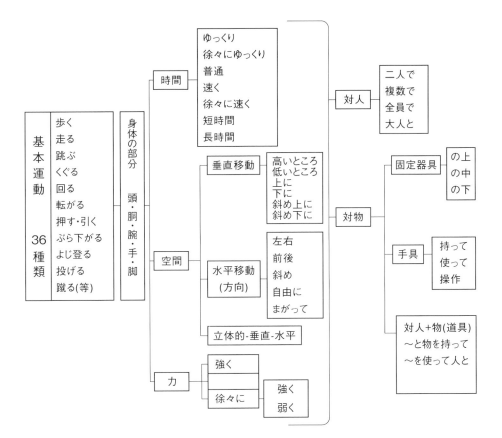

動きのテーマを決めて系統的に発展

GOAL：系統的を理解して基本運動「転がる」「走る」を
テーマに様々な空間・環境で実践できる

1 「系統的指導」「段階的指導」の理解

◯ 系統的指導（系統指導）とは、ひとつの運動を色々な空間で行う指導法

（例）『ぶら下がる』 色々な空間で「ぶら下がる」を経験する。

・ロープにぶら下がる

・マットにぶら下がる

・棒にぶら下がる

・鉄棒の下に山をつくりぶら下がる

◯ 段階的指導（段階指導）とは、ひとつの技の動きを分解し部分的に指導する指導法

　動きの分解とは、技の動きを分解し少しずつ確実にできるように指導をしていくことです。

（例）開脚跳び

　動きを分解＝①助走〜②踏切〜③着手〜④空中姿勢（開脚姿勢）〜⑤着地

　分解した①〜⑤の基本運動の動きにして、動きを系統的に指導する。

　（例）①助走（様々な『走る』を経験し、助走ができるように指導する。）

　　　「線の上を走る・マットの上を走る・スタートダッシュ」　他

　（例）②助走〜踏切（様々な『両足跳び』を経験し、【助走〜踏切】ができるように指導する。）

「『両足跳び移動・両足跳びジグザグ移動』・【助走〜跳び乗り】・【助走〜ロイター踏切】」

「系統的指導」・「段階的指導」の大切さ

　運動有能感の経験をした子どもは、運動をする機会も増えます。反対に「無力感」を抱くようになると、運動する機会も減少していきます。幼児期から小学校低学年の間までの体験が、その後の運動に対する認識を決めてしまっているとの調査結果もあります。子どもが運動好きになるためには、幼児期に成功体験を積み、自信を持って前向きに取り組むことです。そして指導者が、個々の発育・発達を理解し、子どもの能力に合わせた環境設定を心掛け、適切な「系統的指導」・「段階的指導」をすることが大切です。

STEP 1　子どもは、遊びの天才

　幼児期から基本運動を中心に「楽しく体を動かし」多様な動きの獲得や体力、運動能力の向上をするためにも、系統的に指導することが大切です。

　子ども達の冒険心をくすぐりながら、様々な活動への意欲や社会性、創造性などを育む環境を整え、体を操作する楽しさを経験し、基本運動を定着させましょう。

STEP 2　基本運動が定着すると技の習得が容易にできるようになります

　基本運動が定着してくると様々な技を習得できるようになります。運動種目の技の動きを分解し「段階的指導」（段階指導）をすると、様々な技ができるようになります。

2　系統的指導の理解

　基本運動を「時間・空間・力・対人・対物・速度」に変化をさせ系統的に理解します。レポート【R-1】テーマ「転がる」・【R-2】テーマ「走る」を様々な空間や環境を変化させて「調整力・空間認知能力・知的能力・感覚」を養う動きを考案します。

レポート【R-1】【R-2】を使用して記入

サンプル【転がる】

【転がる-Ⓐ】 でこぼこしたマットの上を転がる

[セッティング] マットの下にボールを入れ、おうとつを作る
[調整力] 平衡性＝転がる
[空間認知能力] でこぼこ＝おうとつ

> どのような場所で何をするか、題名を記入

> セッティングや子どもの動きを記入。動きの表現は、棒人形でよい

[動き] 手足を伸ばし、マットの上を横に転がる

【転がる-Ⓑ】 細くしたマットの上を転がる

[セッティング] マットを半分に折り、細くする
[調整力] 平衡性＝転がる、巧緻性＝真っすぐ
[空間認知能力] 細長い

> ここの欄には、セッティングまたこの動作をすることで、何が養えるのか。「調整力・空間認知能力・知的能力・感覚・動き」他自由に記入する。

[動き] 手足を伸ばし、マットの上を真っすぐに転がる。おへそがいつもマットの上にあるように意識させる

【まとめ】 転がるⒶⒷをおこなうことで、マットの広さの違いが理解できる（空間認知能力）。また、真っすぐマットの上を転がるように声を掛け、意識させることで、体をマットに合わせて体の位置を調整しながら転がるため、平衡性と巧緻性が養われる。

> まとめは、考案したⒶⒷの動きをおこなうと、総合的に何が養われるのか分析し記入する。

器具、手具の特性を理解

GOAL：器具の特性を理解して安全な環境設定ができる

1　マット

マットの特性

　マットは、まるめたり、立てたり、畳んだりして形を変化させ、配置を工夫することによって色々な空間をつくることができます。またマットは、運動の衝撃をやわらげ安全性が高いので、他の運動の補助器具としても利用されます。使用の際は、表裏を確認し、メーカーによっては耳を中に折り畳み、汚れやほこりをよく取り清潔に使用しましょう。保管方法は、湿気を避け立てかけて保管することが望ましいです。

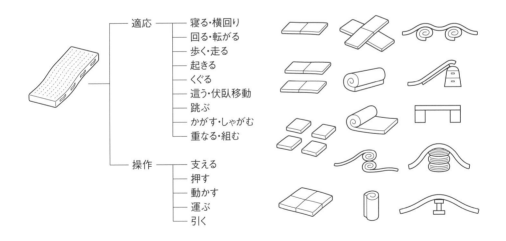

　丸めたり、何かにかける場合は、ロープなどで結わいたりして必ず固定します。セッティングした時に動かないようして安全を確認して使用します。

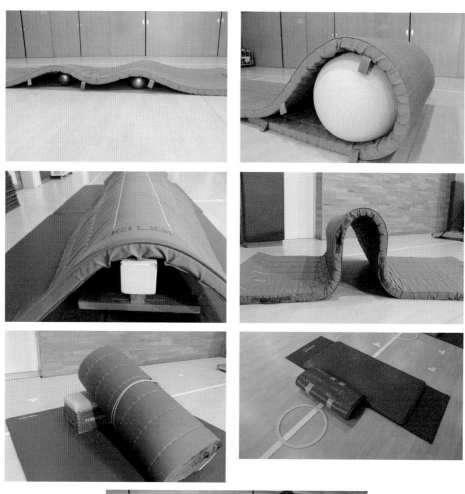

２ 跳び箱

跳び箱の特性

　跳び箱は、特にダイナミックな運動を展開することができる器具で、スピード感やスリル感を味わうこともできます。安定性は、幼児用より児童用の跳び箱の方があります。そのままの形で使用するのが主ですが、分解して床に置いたり立てたり、また

並べ方を工夫することによって、多様に発展することができます。また高くした場合は、しっかり組んでいるかを確認し使用することが大切です。移動させる時は、しっかりと持ち運び、決して引きずることはしないようにしましょう。

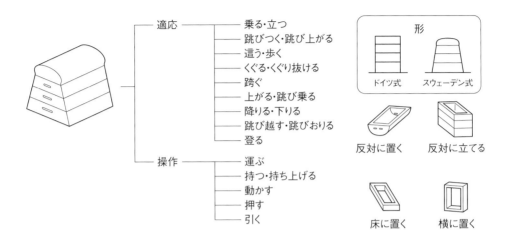

高さ：幼児用目安

  1段：幼児の膝の高さ

  2段：子どもが跨いで足がつかない程度

  3段：幼児の腰の高さ

＊分解して使用する際は、マット等柔らかいもので覆い、また固定するなど安全を考慮してセッティングをします。

3 鉄棒

鉄棒の特性

 鉄棒は、水平で高さがある細い棒で単純な形をした器具です。鉄棒は、握力や懸垂力・支持力などの筋持久力を高めることができ、平衡性を養い身体のコントロールも

高めることができます。また精神面では、自信や意志的な粘りを養い、頑張り続ける力も養うこともできます。

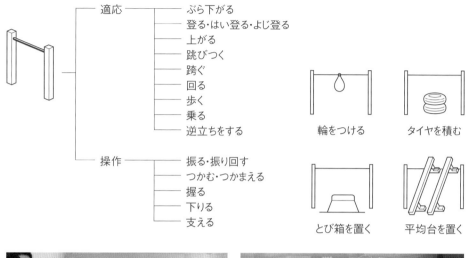

適応 ─── ぶら下がる
　　　　登る・はい登る・よじ登る
　　　　上がる
　　　　跳びつく
　　　　跨ぐ
　　　　回る
　　　　歩く
　　　　乗る
　　　　逆立ちをする

操作 ─── 振る・振り回す
　　　　つかむ・つかまえる
　　　　握る
　　　　下りる
　　　　支える

輪をつける　　　タイヤを積む

とび箱を置く　　平均台を置く

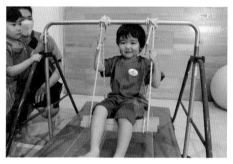

4 平均台

平均台の特性

　平均台は、高いところに登ったり、狭い所を渡ったりといった欲求を満足させてくれる器具です。既製の平均台の他に10cmから30cm幅の板や長い棒、ロープなどを用意しておくと、０歳から平衡遊びを展開できるので器具の使い方の工夫が大切です。平均台というと平衡性が必要な運動と考えがちですが、ぶら下がる・下をくぐる・よじ登る・跳び越す等楽しい運動ができます。また、安全性を考え平均台の周りはマットを敷き、跳び箱や鉄棒にかける時は、しっかり固定して安全を優先してセッティングします。

ボールのキャッチ練習
（平均台を使っての
練習例）

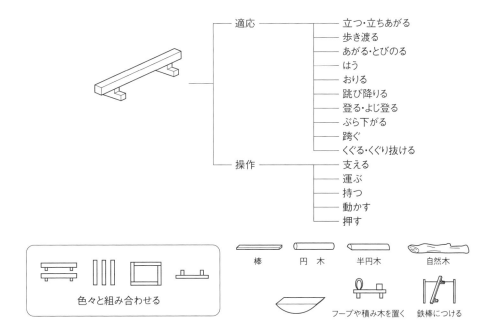

適応 ── 立つ・立ちあがる
 ── 歩き渡る
 ── あがる・とびのる
 ── はう
 ── おりる
 ── 跳び降りる
 ── 登る・よじ登る
 ── ぶら下がる
 ── 跨ぐ
 ── くぐる・くぐり抜ける
操作 ── 支える
 ── 運ぶ
 ── 持つ
 ── 動かす
 ── 押す

色々と組み合わせる

棒　　円　木　　半円木　　自然木

フープや積み木を置く　　鉄棒につける

---

5 フープ

フープの特性

　軽くて色が美しいフープは、床に置いたり、立てたり、手に持ったり、目標物にしたり、動きを多様に発展させることができる楽しい器具のひとつです。種類もプラスチックタイプから、ラバータイプなど、軽さや色合い、大きさも豊富で2〜3種類用意すると、動きも発展しやすくなります。

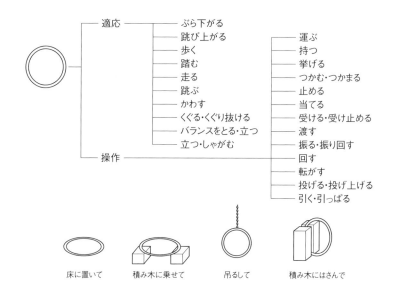

```
        ┌─ 適応 ──┬─ ぶら下がる          ┌─ 運ぶ
        │         ├─ 跳び上がる          ├─ 持つ
  ◯     │         ├─ 歩く                ├─ 挙げる
        │         ├─ 踏む                ├─ つかむ・つかまる
        │         ├─ 走る                ├─ 止める
        │         ├─ 跳ぶ                ├─ 当てる
        │         ├─ かわす              ├─ 受ける・受け止める
        │         ├─ くぐる・くぐり抜ける├─ 渡す
        │         ├─ バランスをとる・立つ├─ 振る・振り回す
        │         └─ 立つ・しゃがむ      ├─ 回す
        └─ 操作 ──                       ├─ 転がす
                                         ├─ 投げる・投げ上げる
                                         └─ 引く・引っぱる
```

床に置いて　　　積み木に乗せて　　　吊るして　　　積み木にはさんで

大きさ：目安（メーカーにより異なる）

小型：直径30cm　　　中型：直径60cm　　　大型：直径90cm

＊分解式・つなぎ目のあるものは強度が弱いため体操には向かないので注意が必要です。

6　ボール

ボールの特性

　ボールは、0歳の頃から最も好まれる器具です。ボールを抱いたり、押さえたりしてボールの感触に親しみながらボールの性質を理解し、いろいろな動きを展開していきます。ボールは主に投げる、蹴る、突く、打つなどの操作する動きが多いので色々な種類のボールや手作りボールを用意しておくと活動が高められます。

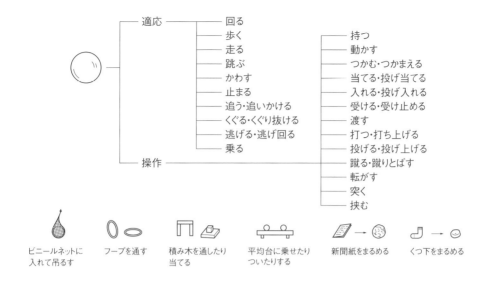

適応 ── 回る
歩く
走る
跳ぶ
かわす
止まる
追う・追いかける
くぐる・くぐり抜ける
逃げる・逃げ回る
乗る

持つ
動かす
つかむ・つかまえる
当てる・投げ当てる
入れる・投げ入れる
受ける・受け止める
渡す
打つ・打ち上げる
投げる・投げ上げる
操作 ── 蹴る・蹴りとばす
転がす
突く
挟む

ビニールネットに　　　フープを通す　　積み木を通したり　　平均台に乗せたり　　新聞紙をまるめる　　くつ下をまるめる
入れて吊るす　　　　　　　　　　　　当てる　　　　　　ついたりする

大きさ：目安（メーカーにより異なる）

　　小型：（直径30cm）　片手で握れる大きさ

　　中型：（直径40cm〜50cm）両手で扱える大きさ

　　大型：（直径60cm以上）　両手でかかえられる大きさ

　ボールとして代用できるもの、またはさまざまなスポーツ用のボールを使用すると指導の幅が広がります。

　ラグビー・バランスボール・プラスチックボール・スポンジボール・ゴルフボール・テニスボール・スーパーボール・お手玉・ビーンバッグ・新聞紙ボール・ペットボトルふた・風船・靴下ボール・軍手ボール・ジッパー式ポリ袋　など

7　縄

縄の特性

　1本の縄は、縄跳びをするだけではなく結んだり輪にしたり、伸ばしたりして色々な動きができます。縄は、リズム感を育てる、操作する能力を育てるのに効果があります。縄跳びの技術が習得できるのは、二つの異なった動きが習得できる4歳以降が望ましいでしょう。それまでは縄を自由自在に操ることができるように、様々な運動を取り入れます。縄には短縄と長縄があり個人で遊ぶ、皆で遊ぶことをたくさん取り入れることができます。

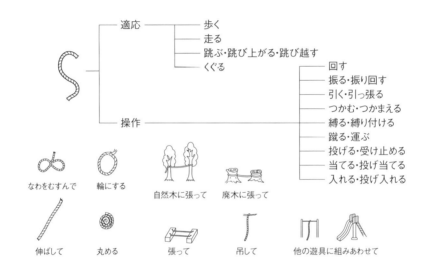

　縄あそびに適しているのは、握り手のないものです。ひっぱたり丸めたり、結んだりなど様々な遊びを展開できます。持ち手のある縄で指導する場合は、子どもの大きさに縄を合わせ、持ち手がある縄は、回した時に縄が持ち手の中で回転しないと、中で絡まり跳べない原因となります。前まわしとびができる頃、持ち手のあるビニール製のもので練習を始めると手首が使いやすくなり、高度な技にチャレンジしやすくなります。

8　器具の使用・設定においての留意点

年齢に応じたセッティング（体力・能力に応じたセッティング）

難易度はもちろん、年齢・体力・能力を考慮します。
　　┗▶ 跳び箱・鉄棒等の適度な高さ等。

（例）跳び箱

　　　助走の距離（高さ・子どものレベルに合った助走）

指導内容に即したセッティング（指導の流れを考慮する）

（例）開脚跳びの導入

腕支持ジャンプ

腕支持 ━━━→ 腕支持ジャンプ ━━━ マット
　　　　　　　　　　　　　　　　　　平均台
　　　　　　　　　　　　　　　　　　跳び箱
　　　　　　　　　　　　　　　　　　鉄棒
踏み切り ━━━→ 片足・両足跳び ━━ ビート板
　　　　　　　　　　　　　　　　　　バランスディスク
　　　　　　　　　　　　　　　　　　　他

両足ジャンプ　　　　　　　　　　　　片足ジャンプ

◆動きそのもののねらいを達成するために必要となる手段として、器具のセッティングを考えます。

　逆上がりは鉄棒でなければできない、などと考えず、その器具にこだわることなく逆上がりの動きを達成するために「鉄棒」という器具にこだわらなくてもよいということです。

◆指導において、指導の流れが止まらない流れのよいセッティングを考えます。

　（例）部屋の周りにセッティングして、部屋の中心を使う。

部屋の半分のみセッティングして、器具の配置のない半分の場所を使うなど。

☆器具を片付け、次の種目へ移る時に子どもに空白の時間を与えない。待つ時間
　など流れを止めないように心がける。

◆説明をしながら器具の移動をしてセッティングをする。また可能な時のみ、安
　全を確保した状態であれば、子ども達もセッティングに参加するなど。

・事前に移動や次の指導を考えたセッティングをする。

安全を留意したセッティング

・器具の数や指導場所の広さを考える。

・子どもの人数、年齢、能力、性格を把握する。

　（動きが粗雑、説明を最後まで聞かないなど、個々の性格も把握して安全な環境設定をする。）

・指導時の補助法と同様、常に危険性を排除して安全な空間とする。

・指導の流れを頭に置き、考えられる危険は全て取り除く。

　（例）マットと跳び箱の間が空いている。走る先にマットの耳が出ている。

☆子どもはあるものに集中していると、他のものが目に入らない。それを見越して考
　える。

指導内容に応じたセッティング

①年間、月間カリキュラムや目標、目的、ポイントを考慮する。

②過去の段階的指導も考慮する。

③指導のつなぎがスムーズにおこなえる方法を考える。

　・項目と項目の間。種目と種目の間。動きと動きの間。次の時間との間。

④動きの導入から完成まで　段階的指導と難易度を考慮。

⑤指導中子ども達が何もしない「空白の時間」を少なくする。

　・見る・聞く・考える・動いている時間を大切に（何もしていない状態をつくらない）

　・メリハリをつけた指導を心がける。

◆器具とは、規格器具のみではなく、全て日常的な物も指導においての器具になる。

　自分の周りを見回まわす！

　（例）ゴムひも・新聞紙・牛乳パック　など

◆器具だけにとらわれず、器具を使わずとも同様な動きのねらいを達成できる方法
　がある。

　考えを広く持つ！

　（例）床上・ゲーム・指導者・子ども同士

◆時には、子どもの手でセッティングをさせる（安全を考慮の上）。

　セッティングすることの楽しさを、また自分たちでセッティングしたものを使う

ことによって、意欲・ハリ・興味等がでるなど、良い要素もある。

　下記例のように可能な時には、こどもが直せる範囲のセッティングがズレたりした場合など、子ども自身でもとに戻したりすることも大切です。

　　（例）置いてあるフープが跳んだ時に子ども自身が蹴ってしまいズレてしまった場合。

　　　→子ども自身がもとの場所に戻す。

　器具を大切に扱うようになり、動きも正確に巧みになってきます。

◆幼児期には、器具を意識させず、山や川、くだものなどに例え物語にするなど楽しい雰囲気で指導するのも大事です。

　　（例）山を越えて　　　川を越えて　　　橋を渡る　　　トンネルをくぐる
　　　　器具（跳び箱）　　（マット）　　　（平均台）　　　（フープ）

　その中でも、使用する器具の正しい名前やどのような素材でできているのかなど、器具に興味を持つように「五感」を使って様々な情報をインプットさせてあげてください。

基本運動の両足跳び
～縄跳び運動導入まで～

GOAL：発達に合わせた縄跳び運動を理解し、ルールのある「前まわし跳び」の運動遊びを考案する

1 発達に合わせた「跳ぶ」の理解

　両足ジャンプを様々な空間で経験することで、「器具や人を操作する動き」へと発展させます。

両足跳び〜その場でグーパージャンプ

　足を揃えてジャンプ降りを低い段からスタートします。

【登る〜跳び降り】

登る〜ジャンプ降り
跳び箱 4 段

手足を使い、登る
ことができる
Ⓐ

両足のつま先を、跳び箱に
掛けることができる
Ⓑ

掛けた足で蹴り出し、跳び降りることができる
Ⓒ

手を前に出し、膝を曲げ
しっかりと着地ができる
Ⓓ

・足の指を掛ける。

・前に蹴りだすために指を使えるように。

【両足ジャンプ】 その場、移動

・目標に目がけて跳ぶ。

・島跳び（リズムよく）「強弱」「機敏に切り返し」「リズムよく」「正確に」等。

・両足ジャンプを経験する。

【踏切ジャンプ（両足）】

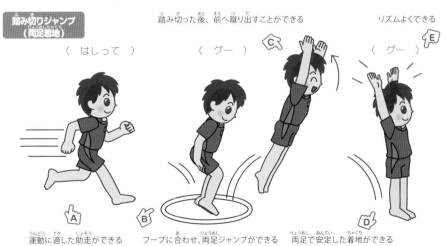

踏み切った後、前へ蹴り出すことができる　　　　リズムよくできる

踏み切りジャンプ
（両足着地）

（ はしって ）　　　　　　（ グー ）　　Ⓒ　　　　　　（ グー ）　Ⓔ

Ⓐ　　　　　　Ⓑ　　　　　　　　　　　　　Ⓓ

運動に適した助走ができる　　フープに合わせ、両足ジャンプができる　　両足で安定した着地ができる

・助走から目標物に目がけてジャンプして移動する。

【グーパージャンプ】その場

グーパー・ジャンプ

ジャンプをしながら、両足を開いたり閉じたりできる

A

ジャンプをしながら、手足同時に開いたり閉じたりできる

B

連続してできる

C

D

リズムよくできる

（グー）　　　　　　　　　（パー）

　その場でゆっくり足を閉じたり開いたりしながら跳びます。

⑤ 両足ジャンプ（両足）完成へ

【助走～踏切ジャンプ跳び乗り（跳び越し）】

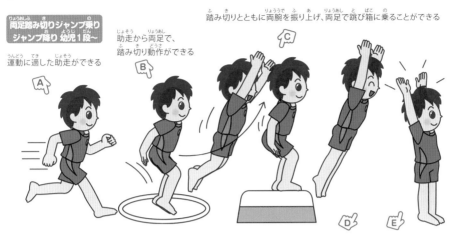

両足踏み切りジャンプ乗り
ジャンプ降り 幼児1段〜

Ⓐ 運動に適した助走ができる

Ⓑ 助走から両足で、踏み切り動作ができる

Ⓒ 踏み切りとともに両腕を振り上げ、両足で跳び箱に乗ることができる

Ⓓ 踏み切りから着地まで、リズムよくできる

Ⓔ 安定した着地ができる

【グーパージャンプ移動】

グーパー・
ジャンプ移動

Ⓐ 前に移動ジャンプをしながら、足を開いたり閉じたりできる

Ⓑ 移動ジャンプに合わせ、手と足を開いたり閉じたりできる

Ⓒ 連続してできる

Ⓓ リズムよくできる

（　グー　）　　　　　　　　　　　　　（　パー　）

【グーチョキパージャンプ】

グー・チョキ・
バー・ジャンプ

両足ジャンプから、足を前後に開くことができる

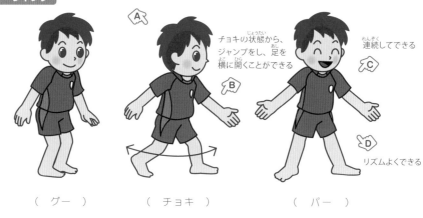

チョキの状態から、
ジャンプをし、足を
横に開くことができる

連続してできる

リズムよくできる

(グー)　　　(チョキ)　　　(パー)

【長縄とび】

長縄とび

ヘビ跳び

止まっている縄

両足ジャンプで、
跳び越すことができる

縄のタイミングに、
合わせることができる

両足ジャンプで、
跳び越すことができる

縄をよく見ることができる

リズムよくできる

【短縄、前まわしジャンプ移動】

前まわし～
ジャンプ移動

回して

腕を伸ばし、縄を大きく前へ回すことができる

縄を見ることができる

ピョン

縄よりも前に、両足ジャンプができる

縄を後ろ側にし、縄跳びを持つことができる

縄を床に、着けることができる

ゆっくりスムーズにできる

片足跳び（ケンケン）

【ボール蹴り】

ボールを蹴る

ボールを見ることができる

止まっているボールの横に、軸足を置くことができる

元気よくボールを蹴ることができる

片足に体重をのせ、バランスがとれる

左右どちらでも蹴ることができる

・ボールを思い切り蹴ったり、階段を登ったりして片足バランスをできるようにする。
・ケンケン動作ができるようになるためには、何かを跨いだり段差を登ったり、階段をのぼったり、片足に重心をかけて思い切りボールを蹴る練習をして、片足バランスができるようにする。

【跨ぐ】

　膝の高さにセッティング。ゴムや縄・棒などバランスを取りながら跨ぐようにします。

【ケン・グージャンプ】

　グージャンプ移動〜バランス（静止2秒）・グージャンプ移動〜バランス（静止2秒）を繰り返します。

【片足バランス】

・片足バランスが取れるようになったら、片足で蹴りだす練習。
・片足バランスができたらケンケンの導入が可能。
・両手を組んで足を通す（片足の時間を長く、また体の使い方も上手になる）。
・協応性・柔軟性・平衡性を養う。

【ケン・パージャンプ】

ケン・バー・ジャンプ
（利き足）

両足から、片足ジャンプができる　　片足の状態から、ジャンプができる　　バランスをとり、
両足を開くことができる

Ⓐ　　　　　　Ⓑ　　　　　　Ⓒ

連続してできる
Ⓓ

リズムよくできる
Ⓔ

（　ケン　）　　（　パー　）

【片足ジャンプ移動】

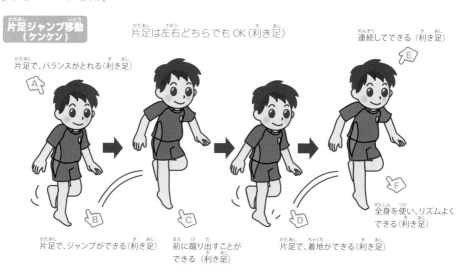

片足ジャンプ移動
（ケンケン）

片足は左右どちらでも OK（利き足）　　連続してできる（利き足）
Ⓔ

片足で、バランスがとれる（利き足）
Ⓐ

片足で、ジャンプができる（利き足）
Ⓑ

前に蹴り出すことが
できる　（利き足）
Ⓒ

片足で、着地ができる（利き足）
Ⓓ

全身を使い、リズムよく
できる（利き足）
Ⓕ

【グー・チョキ・パー・ケン・ジャンプ】

グー・チョキ・パー・
ケンジャンプ（その場）

片足は左右どちらでも OK

上にジャンプし、片足で着地ができる

C

D
連続して
できる

A

B

E

その場で上にジャンプし、
足を前後に開くことができる

上にジャンプし、
足を左右に開くことができる

A・B・Cの順番が
入れ替わっても、スムーズにできる

基本運動の両足跳び
〜縄跳び運動導入まで〜

§ 12

両足跳びの動きの発展（系統的）

GOAL：基本運動「両足跳び」を様々な空間で経験できる
　　　　環境づくり《系統的指導》ができる

［1］ 基本運動の系統的指導レポート作成 /
　　 理解した基本運動を系統的に考案 ·····················

　これまで学んだてきたことをもとに、「両足跳び」を発展させた動きを考えてみましょう。次頁のサンプルをヒントに、レポート【R-3】を使用して自分で考案しましょう。

▶ レポート【R-3】を使用して記入 ▶

テーマ基本運動「両足跳び」	対象年齢／4歳

【目標の動き】
数字を理解しタッチしながら、ジグザグにジャンプする

サンプル

①跳び乗り下り
ジグザグジャンプ

【動きの説明】
両足でジャンプを
してマットに跳び
乗ったり下りたり
しながらジグザグ
に移動する

【動きのポイント】
思い切り高く跳ぶ

記入Point
動きの題名を
つける
一目で理解で
きる題名

記入Point
①は、自分が考えた3つの動きの中
で一番簡単なものを記入

②数字跳び乗り下り
ジグザグジャンプ

【動きの説明】
1～5番までの数字を探しなが
ら順番に跳ぶ（数字を両足で踏
む）

【動きのポイント】
両足を揃えジャンプをしながら
順番に数字を踏む。着地の際バ
ランスを取る

③ジグザグジャンプ数字タッチ

【動きの説明】
1～5番まで順番に跳びながら、
両手で数字をタッチする

【動きのポイント】
・両手でタッチできる位置へ跳ぶ
・数字を数えながらジャンプを
　する
・リズム良くジャンプする

【セッティングと子どもの動きを記入】

発達を促す運動（P）を参考に対象年齢を記入

マットを半分に折る。マット
が開く場合は、縄跳びで縛る

記入Point
動きやセッティングが
分かるイラストを記入。
棒人形可能

記入Point
動きの説明とポイント記入

ガムテープに数字
を記入し、マット
や床へ順番に貼る

記入Point
②～③へと難易度を難しくしていく

※慣れてきたら
・数字をランダムに置く
・数字を増やす
・距離を遠くにする

ガムテープに数字を記入し、
マットや床へ順番に貼る

【目標の動き】
数字を理解しタッチしながら、ジ
グザグにジャンプする

記入Point
調整力・感覚・知的能
力・空間認知能力等、
動きの分析をして記入

【まとめ】

（調整力）
跳ぶ→瞬発力　　　　　　　ジグザグ、リズム良く→敏捷性
数字の上着地→巧緻性　　　着地の際バランス→平衡性
（知的能力）
数字の理解
（感覚）
触覚→マットの柔らかさ、床の硬さ
（空間認知能力）
マットの高さ、大きさ、距離（遠い・近い）

12

両足跳びの動きの発展〈系統的〉

縄跳び運動①

GOAL：縄跳び運動の種類を知り、様々な跳び方ができる

1 縄跳び運動の技の種類を理解

目指せ！　スーパーマスター級。

各技№を連続10回（1回旋1跳躍）成功で認定！

なわとび大陸　QRコードを読み取ると、縄跳びチャレンジカードの動きの指導を見ることができます。

縄跳び チャレンジカード

No.	技	認定
	HOP（ホップ）	
19	縄跳びが結べる（何秒で結べるか!?）	
18	前回旋【10回】	
17	後ろ回旋【10回】	
	STEP（ステップ）	
16	前回し跳び【10回】	
15	左右交差回旋【10回】	
14	前あや跳び【10回】	
13	前交差跳び【10回】	
	Jump（ジャンプ）	
12	後ろあや跳び【10回】	
11	後ろ交差跳び【10回】	
10	前二重跳び【10回】	
9	側回旋交差跳び【10回】	
	Triple Jump（トリプルジャンプ）	
8	側々回旋交差跳び【10回】	
7	前ハヤブサ（あや二重跳び）【10回】	
6	前ムササビ（交差二重跳び）【10回】	
5	前三重跳び	
	Super master（スーパーマスター）	
4	後側々回旋交差跳び【10回】	
3	後ハヤブサ（あや二重跳び）【10回】	
2	後ムササビ（交差二重跳び）【10回】	
1	後三重跳び【10回】	

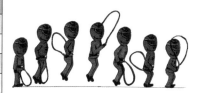

特別チャレンジ/前回し跳び（10秒間）チャレンジ！　10秒間で何回跳べるか！

縄跳び運動①

13

その1　実際に子どもたち向けに指導
その2　ジャンプ（12～9）
　　　　トリプルジャンプ（8～5）
　　　　スーパーマスター（4～1）
動画で跳び方も観ることができます。

14

縄跳び運動②
〜前まわし跳びの運動遊び〜

**GOAL：ひとつの動きにルールを設定し、オリジナルの
運動遊びが考案できる**

前まわし跳びの運動遊びを考案

　テーマ：縄跳び運動　／　前まわし跳びの運動遊び記入規定　／「前まわし跳び」
の動きを取り入れた遊びを考案（すべての子ども達が、前まわし跳びができると仮定）。
①短縄を使用して様々な環境設定やルール・ゲーム式等、皆が楽しく動けるもの。
②ルールがある場合【ルールの変化】を記入（難易度をあげるとより楽しく遊べる）。
③サンプル（次頁）を参考にして記入。一斉指導・グループ指導等、隊形・セッティ
ングは自由。
④実際に動くため実技でおこなっているスタジオ等、室内を想定する。

　上記のテーマおよび①〜④をもとに、「前まわし跳び」の運動あそびを考えてみま
しょう。次頁のサンプルをヒントに、レポート【R-4】を使用して自分で考案しま
しょう。

レポート【R-4】を使用して記入

「前まわし跳びの運動遊び」
★題名★ 　　　　　　　　電車でGO！ 　　　　　

【セッティング・隊形・こどもの動き・内容】ルールがある場合はルールを記入する。

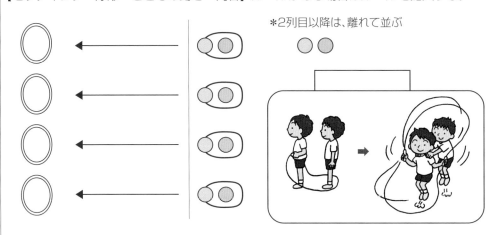

＊2列目以降は、離れて並ぶ

【ルール】

「前/運転手」・「後/お客」が一緒に縄跳びをします。成功したペアは、前の駅まで息を合わせて走ります。

早く駅「フープ」に到着したペアが勝ち。駅（フープ）に着いた後は、元の場所に歩いて戻る。

2回目は、運転手とお客を交代し同じルールで進行する。

【内容】

①ペアになります。奇数の場合は2回おこなう子どもを決める。

③お客は、運転手の後ろでスタンバイします。（運転手の肩に両手を乗せると安定します。）

③運転手「エンジン　グルン！」と言って、運転手が回す縄をお客も一緒に跳びます。

④その場でうまく1回跳べたら「発車！」の合図で走ります。

　＊走るときに縄に絡まないようしっかり跳んだことを確認させる。

【ルールの変化】

●跳んだ後最初は、直線に走り、慣れてきたら、コーンを置きジグザグに走る等

　「走る」環境を変化させ、難易度をあげてゲームを楽しむ。

●スタートの「エンジン発車！」ジャンプを1回・2回と回数を変化させる。

　また　チーム競争にして、早く運べたチームの勝利等ルールの難易度も変化させるとより一層盛り上がる。

【まとめ】

ペア同士お互いのレベルやタイミングに合わせたり、周りの状況を考えたりと社会性を育てながら、楽しく縄遊びができる。

考案のまとめを記入

指導形態

⬚1 指導形態の種類を知る

指導形態の種類と各指導形態の利点と欠点を知りましょう。

長所と短所を理解し、その場所や指導内容により適切な指導形態で指導します。

◯ 指導形態【一斉指導】

一斉に同じことを行わせる指導法です。

長 所

・初歩的または、基礎的な内容を全員が共通して短時間に習得をさせる場合に有効。

・子どもの人数が多い場合に一斉にできるため子ども達の待つ時間が短く、動いている時間が多くとれる。

短 所

・進んだ内容や応用的な内容など、一人ひとり目標や能力に応じた指導には目が行き届かない。

◯ 指導形態【サーキット指導】

名前の由来は、車などの競争用につくられた環状の道路（サーキット場）からきて

います。名前の通り、環状にセッティングした器具（遊具）や決められた動きを順番におこなっていく指導です。

長 所

・一斉指導で基本的な動きを習得した後に、主運動の動きを分解した動きや補強運動を取り入れ、待ち時間を減らすことで運動量が増す。
・個別の指導が可能となり、個々の子どものレベルを把握していれば、容易に子どものレベルにあった練習を取り入れることができる。

短 所

・個々のレベルに合わせセッティングを変更することは不可能なため、同じ環境で難易度を上げた指導が必要となり、指導力の高さが必要とされる。

⑤ 指導形態【自学自習指導】

長 所

・一斉指導された後、子ども自ら指導者となり子ども同士で教えあうことができる。
・個人差が大きい場合、または進んだ段階に挑戦した場合に有効。

短 所

・人数が多い場合は、まとまりに欠ける。
・一人ひとりに対する指導者の目が届かず、子どもたち自身に任せる部分が多くなり指導の適切さに欠ける。

指導形態【グループ指導】

　動きを習得している子どもを入れて、できない子ども達を均等にしてグループをつくります。また動きを習得した子どもと習得していない子どもと分け、レベル別のグループにして指導します。

長　所

・一斉指導や自学自習の短所を補正し、自主性・主体性を高めることができる。
・習得している子ども達は、さらに上を練習できる。
・子ども自ら指導者となり、子ども同士で教えあうことができる。

短　所

・基本を正確に習得してから、この学習隊形に移らせることが望まれるため、子ども達の基礎ができていることが重要。

2 子ども達が夢中になる、サーキット指導··········

多様な動きを多様な環境で経験できるサーキット指導。習得させたい動きを指導し習得した動き（主運動に関連する動き）を子ども一人で実施させます。動いている時間を長く確保できます。

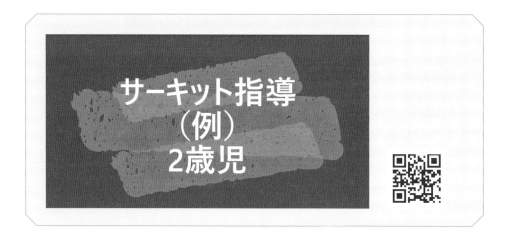

サーキット指導
（例）
2歳児

テーマを決めて系統的指導

GOAL：幼児期における運動のあり方と課題を知る

1　系統的指導を考案

　「基本運動と発展の要因」を参照し、基本運動のテーマを一つ決め、動きの発展を考え指導案を作成してみましょう。「調整力」「感覚」「知的能力」「空間認知能力」等、運動をすることによって養える能力も分析して記入します。また子どもの動きやセッティングも記入します。

　次頁のサンプルをヒントに、レポート【R-5】を使用して自分で考案しましょう。

レポート【R-5】を使用して記入

テーマ	くぐる・四つ足・走る・押す・前へ回る・投げる・蹴る	サンプル
使用備品	マット・跳び箱（児童用）	総合的に養われる調整力
養われる能力	調整力（平衡性・巧緻性・知的能力）・空間認知能力（凹凸・狭い・細い）・五感（触覚・視覚）	
目標の動き	細く高さのある不安定な場所で前に回る	どのような場所で何をするか記入

①不安定な場所から真っすぐに前に回る	②凹凸（おうとつ）のある不安定な場所で真っすぐ前に回る	③細く高さのある不安定な場所で前に回る

①動きのねらい

不安定な正座の上から手を着き、ガムテープの線と線の間を意識させ真っすぐ前へ回る。回ることで平衡性、真っすぐ意識させて回ることで巧緻性が養われる。またはマットより狭いという空間認知能力が養われる。

〈ねらい〉
その動きをすると、何が達成できるのか。またどのような成果が予想されるのか記入。

②動きのねらい

不安定な正座の上から手を着き、ガムテープの線と線の間を意識させ真っすぐ前へ回る。さらにマットの下にボールが入っていて凹凸があり不安定な場所となる。回ることで平衡性、真っすぐ意識させて回ることで巧緻性が養われる。凹凸を体（背中）で感じ触覚からデコボコという空間認知能力が養われる。

表現される動き、セッティングを記入

③動きのねらい

跳び箱の上に立ち、置いたボールの幅に合わせ手を着く。マットの幅（置いたボールの幅）に意識させ、真っすぐ前へ回る。回る場所がボールのため不安定な場所となり、ボールの幅、高さがありより真っすぐに意識して回る必要性がある。回ることで平衡性、真っすぐ意識させて回ることで巧緻性が養われる。触覚や視覚から空間認知能力（ボールの高さ・幅）が養われる。またチャレンジをしてマットから外れ、曲がってしまった場合は、どのようにすれば真っすぐいくのか考えさせながら実施するので、知的能力が養われる。

①セッティング(子どもの動き)

ガムテープ

環境設定：指導者が正座をしていてその上に立ち、マットの上にガムテープ線をつくり真っすぐ貼る（幅は正座の幅）。

②セッティング(子どもの動き)

ガムテープ　ボール

環境設定：指導者が正座となりその上に子どもが立つ。マットの下にボール（ドッジボール）をランダムに入れ凹凸（おうとつ）をつくる。①同様真っすぐガムテープで線を張る。＊子どもが回る部分から凹凸をつくる。

③セッティング(子どもの動き)

幅を体（背中）で感じ、少し高さがあるので真っすぐ意識しやすい。
環境：マットの下にボールを2列に並べマットをかける。

①指導のポイント

足元が不安定なので、回った先も不安定のため、手をしっかりマットに着きからだを支持する。線を意識しながら、からだを丸くして回るように伝える。指導者は、子どもの腰を補助し慣れてきたら一人で回れるように促す。

指導ポイント
・子どもに伝えること
・事前に準備すること
・意識して、もらうこと

②指導のポイント

足元が不安定な上、回った先も不安定のため、マットにしっかり手を着きからだを支持する。線を意識しながら、からだを丸くして回り凹凸で不安定になるが、真っすぐ回れるように伝える。指導者は、子どもの腰を補助し慣れてきたら一人で回れるように促す。

①〜③を実施した際のまとめを記入

③指導のポイント

少し高さがあり、ボールの幅（2列）しかないため、マットにしっかり手を着きからだを支持する。幅と高さを意識しながら、からだを丸くして回る。背中でマットを意識させ、真っすぐゆっくり体に力を入れながら回るように伝える。指導者は、後頭部とももの後ろを補助して真っすぐ、ゆっくり回れるように指導する。慣れてきたら一人で回れるように促す。また曲がってしまった場合は、どのようにすれば真っすぐいくのか考えさせながら実施させる言葉がけも重要となる。

まとめ

環境を不安定にしたり、幅や高さのある環境にしたりして「回る」をおこなう。体や視覚・触覚・聴覚で平らな場所との違いを知り、様々な空間でもからだの使い方を身につける。

§ 17

体を操作しながら、ことばの機能を育てていく

~~~~~~

GOAL：体で表現をしながらことばの機能の育て方を理解できる

1 体で表現し、ことばの機能を育てていく

　幼児期後半（3歳から6歳頃）は心身の発達が著しい時期であり、全体的な発達がさらに助長されるため、ことばの機能もますます発達していきます。そのためこの時期に必要なことは、下記の3つとなります。

　①身体全部を使って動き回る。

　②大勢の仲間と十分に遊ぶ。

　③豊かな生活体験を積み重ねていく。

　また日常生活の言語については、ほとんど困ることがなくなり、一応日本語基礎の完成期を迎えます。さらに数や文字への関心も芽生え始めるなど、認知面でも大きく進歩してきます。

・幼児期前半とは（おおよそ1歳〜3歳）　幼児期後半とは（おおよそ3歳〜6歳）。

「ことばを広げる」知覚運動や精神運動における広がり

　速く・遅く・ゆっくり・小さい・大きい・重い・軽い等を表現します。

「ことばをつなげる」2〜3種類の動作を指示されるとできる

　一連の動作を見て順序良くできます。

受容言語（言語を聞いて理解）

　時間・空間・記憶の量も増え、体の動きと関連し表現します。

　受容言語については、時間や空間などや抽象的な理解言語も増し、記憶の量も増えてきます。また、身体の動きに関連づけられるような力や概念同士の連合能力もそなわり、やや複雑な構文も理解できるようになります。

表出言語（自分で意味のある言葉や文を組み立てて話す）

　自分の気持ちや意思を正しく相手に伝えます。表出言語については、応答が適切に

体を操作しながら、ことばの機能を育てていく

17

できるようになり、自分の気持ちや意思を正しく伝えることができるようになります。発育の状況により、おこなう動きも違ってきます。子どもたちの発育、発達状況を把握し子どもに合った動きにたくさんことばを使い発展することが大切です。

２ 擬声語・擬音語・擬態語・擬容語・擬情語の大切さ ……

「例：にこにこ・ずきずき・わくわく・どっきり・いらいら・うっとり」等。

　このような言葉を使うことにより、感情や状態を感覚的に表現できるようになります。また子どもたちが自己表現しやすく、理解もしやすいという特徴があります。例えば「跳んで」というよりも「ぴょんぴょんと跳んで！」「思い切りドンと跳んで！」と言葉をかえると微妙な表現もできるようになります。その微妙な違いが、子どもたちの発達や心理を理解するキーワードとなることもあります。

擬声語＝人間、動物の音をあらわす。

「例：コケッコッコー・ちゅんちゅん・わんわん・げらげら・おぎゃー」等。

擬音語＝自然界の音や物をあらわす。

「例：ざあざあ・がちゃん・どんどん・ばたーん」等。

擬態語＝音ではなく何かの動きや様子をあらわすもののうち、無生物の状態をあらわす。

「例：つるつる・きらきら・ぐちゃぐちゃ・でこぼこ・さらっと」等。

擬容語＝音ではなく何かの動きや様子をあらわすもののうち、生物の状態をあらわす。

「例：ばたばた・うろうろ・ぐんぐん・のろのろ・ぽうっと」等。

擬情語＝人の心理状態や痛みなどの感覚をあらわす（２つ以上の意味を含む語もあります）。

３ ルールのある運動遊びからことばの機能を育てる ……

　運動遊びの約束事で、子どもたちは何を学ぶのでしょう。

①約束ごと（ルール）に従って遊ぶと皆で楽しくできるが、約束（ルール）を守らないと遊びがおもしろくなくなるということが実感できます。

②鬼ごっこなど面白くなければ約束ごと（ルール）をかえ、約束事は楽しく遊ぶためにあることを体験させます。そのためには、約束ごと（ルール）により、遊びが変化することをしっかりと感じとらせながら、約束（ルール）に従わないと鬼ごっこなどが成立しないことがわかる体験が大切です。

4 　動いて体の部位を理解する ⋯⋯⋯⋯⋯⋯⋯⋯⋯⋯⋯⋯

　動くためには、自分の体の部位の名前や機能を理解し、様々なことを経験していきます。体の部位の理解ができてくる頃（おおよそ5歳〜6歳頃）の体の部位の動きを導入する方法を考えてみましょう。

⑤ 体の部位が理解できる

【チェック項目】

　目・耳・鼻・口・手・足の体の働きが説明できる。

【動きの導入のためのチェック方法】

① 「目は何をするもの」「手は何をするもの」とたずねてみる。
② その働きが4つ以上説明できればよい。

【動きを始める前の導入例】

・目を閉じると何も見えないことを確認する。
・耳を手のひらで押さえたり、放したりし、押さえると聞こえなくなることを確認し、耳は音を聞くものであると気づかせる。
・口を閉じさせ、鼻をつまむ。また目隠し状態で、もののにおいを嗅がせる。鼻は息をしたり、物のにおいを嗅いだりするものであると気づかせる。
・口をよく見て、話したり、飲食したりする。口は、呼吸・飲食・話すことに必要なものと気づかせる。
・体の部位が、働かなかったらどうなるか話し合いをしてみる。
　動作をおこなう時に、見本を見て動かしながら、部位の名前を覚えます。
　準備体操やウォーミングアップの時などに、「手」「足」「頭」等、身体の部位と動きをつなげることが大切です。

5 　体の部位と体の働きを理解する運動遊び ⋯⋯⋯⋯

　体の部位の理解ができてくる頃（達成年齢61か月から72か月頃）、運動遊びをおこなう目的ではなく、体の部位を使わずに運動遊びをおこなうことにより、自分の体の部位の場所や体の働きを理解し、その部位の大切さを感じることができます。そして楽しくおこなうことが大切です。

運動遊び / 手を使わない運動遊び①

【手を使わないで物を運ぶ運動遊び】　　例）ゲーム名『膝・ゴルフ』

運動スキルの向上

四つ足の体勢で膝のみでボールを転がす。

向上能力

協応性・平衡性・巧緻性・空間認知能力/身体認識能力

ルール

①チームごとに、カラーボールを決めて、どこのチームが早くすべてのボールをゴールできるかを争う。

②カラー指定をせず、すべてのボールを自分のゴールに入れる。どこのチームがボールを多くゴールできるか争う。

③指定の場所からスタートし、何回でゴールに入るかを争う（数の理解ができたら）。

運動遊び / 手を使わない遊び②

【手を使わないで物を運ぶ運動遊び】　　ゲーム名『肘・ゴルフ』

運動スキルの向上

四つ足の体勢で肘のみでボールを転がす。

向上能力

協応性・平衡性・巧緻性・空間認知能力/身体認識能力

ルール

①チームごとに、カラーボールを決めて、どこのチームが早くすべてのボールをゴールできるかを争う。

②カラー指定をせず、すべてのボールを自分のゴールに入れる。どこのチームがボー

ルを多くゴールできるか争う。

③指定の場所からスタートし、何回でゴールに入るかを争う（数の理解ができたら）。

○ 運動遊び / 手を使わない遊び③

【手を使わないで物を運ぶ運動遊び】　　ゲーム名『ボール運びゲーム』

その１．両足でボールを挟み、一人で運ぶ。

　運動スキルの向上：両足でボールを挟み両足跳び

　向上能力：瞬発性・協応性・平衡性・巧緻性・筋持久力/身体認識能力

　動作：両足にボールを挟みジャンプをしながらルールに従いながら運ぶ。

その２．二人で向かい合せ（お腹）・背中合わせ（背中）ではさみボールを運ぶ。

その１　　　　　　　　　　　　　　　その２

運動スキルの向上

　二人で体を使いボールをはさむ。

向上能力

　協応性・平衡性・巧緻性・筋持久力・空間認知能力/身体認識能力

体を操作しながら、
ことばの機能を育てていく

17

ペアになり（子ども同士または親子）向かい合う。ボールをお腹、または背中合わせで挟みルールに従い運ぶ。

ルール

コーンなどの目印を回り、戻ってくる。

①ゲームの場合は、片道や往復。

②ボールの数、人数、チーム分け等により、ルールを決め楽しく進行していく。

⑤　運動遊び / 目隠しをして遊ぶ

【目隠しをして聴覚、触覚を使った運動遊び】　　　ゲーム名：『目隠し鬼さん』

運動スキルの向上：目隠しをして、音を頼りに動いてタッチをする。

向上能力：聴覚、触覚、平衡性、巧緻性、空間認知能力/身体認識能力

動作：鬼は目隠しをして、音を頼りに動きタッチをする。

ルール

①にげる範囲を決める（範囲は狭く設定する）。

②鬼は、タオルなどで目を隠し、1から10までかぞえ、ストップという。

③鬼以外は、10秒でストップする。必ず止まった場所からは動かない。

④その場から手を叩くまたは声を出すなどをして鬼を誘導する。

③鬼は手探りをしながら、みんなを探し、腕や衣服を捕まえる。

ルールの発展

・全員が捕まるまでおこなったり、捕まった人が鬼になり鬼が増えたりと、いろいろなルールを決めて行う。

・楽しむために鬼が近づいたら、息をひそめて、しゃがんだり、身をひるがえしたりして鬼の手をかわす。

・わざと物音をたてる、声を出すなどをして鬼の気をそらすのが、基本テクニック。

6　ことばを広げる運動遊び

　幼児期後半になると、簡単なゲームのルールが理解でき、多くの動きがこなせるようになってきます。この時期に、遊びながら、聞いたことばと動きを体で調整し表現することで、能力を向上していきます。

ことばを広げる、運動遊び【集団の運動遊び】例『アブラハム、ケンケン』

広げる言葉　「はやく・ゆっくり」「小さく・大きく」他

運動スキルの向上

片足ケンケン

向上能力

瞬発性、敏捷性、リズム感、平衡性、空間認知能力

対　象

年長（ケンケンを習得している子ども達）

体　系

　円形になり、他の友達も見えるように内側を向く。
①♪「アブラハムには、……さあうたいましょう」のフレーズを歌う。
②♪「アブラハムの子」の歌をうたいながら、手を叩きながら足踏みをする。
③フレーズを歌い終わり、指導者が「はやく」といったら、ケンケンを早く行う。足を着いた子どもは、その場で座り、誰か足を着いた時点でストップとなる。
④再び、♪「アブラハムには、……さあうたいましょう」のフレーズを歌う。

⑤「大きく・小さく・早く・ゆっくり・左右横に・左右斜めに・高く」などを組み合わせ、いろいろなバリエーションで行い、最後まで残った子どもが優勝。

＊右足・左足の理解ができる場合は、ケンケンで床に着く足を指示すると、さらに高度になる。

7 社会性を育てる運動

社会性（情緒）を育てる動き

　運動（スポーツ）は、人との関わりの向上や、幸福感の達成という社会性や情緒の拡大を図ることができます。子どもは、生まれた瞬間から他者の関わりを受けて生活をします。何か欲しい時は、泣いて要求を伝えたり、抱かれることで安定した表情を示したり、声を掛けられることで微笑んだりして、他者との関わりを膨らませていきます。このように、子ども達は、他者との関わりを持つことで、その人との愛のきずなアタッチメントをつくっていきます。

　乳児＝人生において必要とする人とのつながりの接近行動は、微笑です（すでに大人を引き付けるシグナル行動が発展している）。

＊アタッチメント心理学用語

　アタッチメントとは、ボウルビイ，Jにより、「人間（動物）が特定の個体に対して持つ情愛的絆」を表すものとして提唱されたもので、愛着と訳されています。乳児は、自己の発信行動に対してタイミング良く反応してくれる成人に対して愛を形成し、様々な不安を低減させるのに利用し、その対象となる成人を安全基地として探索活動をしはじめます。離乳・歩行・自立の基礎となるもので、エインズワースらは、ストレインジ・シチュエーションによりそのパターンを測定しているのです。

○ 社会性を育てる運動遊び【集団の運動遊び】（例）ゲーム名『大わらわの輪』

社会性

友達と協力、工夫して、フープ送りを行う。

運動スキルの向上

走る

向上能力

巧緻性・柔軟性・敏捷性・協応性／身体認識力

対象

3・4歳児（親子が入る）／　5歳児以上（一人もしくは親子）

チーム制　2チーム以上（1チーム5～6名）　アンカーに目印（一番後ろの子ども）

ルール

①スタートラインを基準に、手をつないで横向きで整列。

②「スタート」の合図で、アンカーから先頭へと手をつないだまま、フープを前へ送る。

③先頭までフープが到着したら、先頭はフープを持ち、旗等目印を走って回り戻ってくる。

④全員が終わるまで繰り返し、アンカーまで行う。

⑤最後のアンカーがフープを持って走り、ゴールラインに着いたチームが優勝。

バリエーション

1チームにつきフープを2個使って送る。フープの大きさを変える、旗を回るとき、フープの回し跳び列の一番後ろから、フープを送る。

体を操作しながら、ことばの機能を育てていく

17

テーマを決めて、動きの発展（系統的）

基本運動と遊びの関係

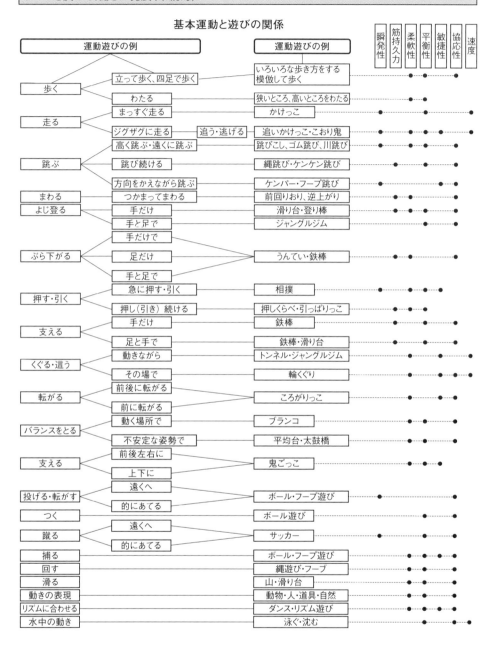

運動遊びの例 — 運動遊びの例 — 瞬発性／筋持久力／柔軟性／平衡性／敏捷性／協応性／速度

- 歩く
  - 立って歩く、四足で歩く — いろいろな歩き方をする 模倣して歩く
  - わたる — 狭いところ、高いところをわたる
- 走る
  - まっすぐ走る — かけっこ
  - ジグザグに走る — 追う・逃げる — 追いかけっこ・こおり鬼
- 跳ぶ
  - 高く跳ぶ・遠くに跳ぶ — 跳びこし、ゴム跳び、川跳び
  - 跳び続ける — 縄跳び・ケンケン跳び
  - 方向をかえながら跳ぶ — ケンパー・フープ跳び
- まわる
  - つかまってまわる — 前回りおり、逆上がり
- よじ登る
  - 手だけ — 滑り台・登り棒
  - 手と足で — ジャングルジム
- ぶら下がる
  - 手だけで
  - 足だけ — うんてい・鉄棒
  - 手と足で
- 押す・引く
  - 急に押す・引く — 相撲
  - 押し（引き）続ける — 押しくらべ・引っぱりっこ
- 支える
  - 手だけ — 鉄棒
  - 足と手で — 鉄棒・滑り台
- くぐる・這う
  - 動きながら — トンネル・ジャングルジム
  - その場で — 輪くぐり
- 転がる
  - 前後に転がる — ころがりっこ
  - 前に転がる
- バランスをとる
  - 動く場所で — ブランコ
  - 不安定な姿勢で — 平均台・太鼓橋
- 支える
  - 前後左右に — 鬼ごっこ
  - 上下に
- 投げる・転がす
  - 遠くへ — ボール・フープ遊び
  - 的にあてる
- つく — ボール遊び
- 蹴る
  - 遠くへ — サッカー
  - 的にあてる
- 捕る — ボール・フープ遊び
- 回す — 縄遊び・フープ
- 滑る — 山・滑り台
- 動きの表現 — 動物・人・道具・自然
- リズムに合わせる — ダンス・リズム遊び
- 水中の動き — 泳ぐ・沈む

§ **18**

NewSports 《考案》

GOAL：「誰でも　いつからでも　楽しく」をテーマにNewSportsを考案する

1　New Sports 使用備品や体系を様々変化させ新しいスポーツを考案……

ニュースポーツ（和製英語 New Sports）とは

　子どもから高齢者まで「だれでも楽しめるスポーツ」として普及してきました。技術やルールが簡単で誰でも、どこでも、いつでも容易に楽しめることを目的としています。

1．誰もが、いくつからでも、いつまでもできるスポーツ。
2．楽しみながらルールを守り争うことも経験。
3．争うより、楽しむことが主となる。

　皆が今までやったことのないスポーツ、体を使った運動遊びを新しく考案しましょう。大人用NewSportsで考案します。考案後「子どもの場合」「考えた器具、手具がない場合」などの代用品を考えたり様々な状況や環境を考えたりして、様々な角度からスポーツを考えてみることができるようにします。

例）バスケットボールのドリブルをしないでおこなう新しいスポーツ（ドリブルは格差があるため控える）。

例）ボーリングを蹴る動作でおこない、新しいサッカーゲームを考案。

例）ビンゴゲームとドッジボールを足して新しいゲームを考案。

例）雪合戦とドッジボールと宝とりゲームを足して、新しいゲーム考案。

「運動あそび」や「ニュースポーツ」について考えてみましょう

　体を動かし、ルールのある遊びを自分たちで考えましょう。「ニュースポーツ」や「運動遊び」を参考に部屋、公園、園庭、ホールなどの実施場所、備品、手具などの環境を考慮し、オリジナル「ニュースポーツ」の考案にチャレンジしてみましょう。また考案基本のルールから子ども用、備品代用など発展的に考えルールなどにも変化をつけてみましょう。

⊃ ルールを決めた、運動遊び（ニュースポーツ）

①ゲームの特性

　身体的技能に依存する競技遊びを意味します。競争の楽しさを規定するゲームの特性やその過程と結果は未確定です。競争するもののどちらにも公平で平等な条件の設定を基本原則にして、取り決められたルールの存在を前提としています。競争遊びにとって大切なことは、自発的に受けいれやすいことであり、そのためには、実施する子どもたちが理解できる程度でなければなりません。ルールはゲームの楽しみを深めるための、ひとつの取り決めであるから、子どもの発達に応じて、簡単なルールのあるゲームから、複雑なルールをもったゲームへと発展させていく必要があります。

②内容の考え方

　ゲームを行う過程で、子どもの運動技能や体力も高まるような内容、楽しく行うためのルールや工夫がゲームを面白くするうえで大切です。また、競争場面で「いたわり」「おもいやり」を生み出すような、仲間同士の関わり方などが重要な意味を持ちます。子ども達はゲームができるまでの基本技術を身につけ、その後ゲームを体験することによって楽しさが味わえます。特に初めて行うゲームは、ストーリー性をもたせるとより一層盛り上がるものになります。

⊃ ゲームには、必ずルールがある

①低組織的ゲーム（low organized games）

　（例）　鬼遊び　リレー遊び　＊ドッジボール

　簡単なルールを理解し、そのルールを守り、進行できるようにしていく。

②組織的ゲーム（organized games）

　（例）サッカー、ハンドボール、バスケットボール、野球

⊿² New Sports ....

レポート【R-6】を使用して記入 ▶

⊃ 誰でも楽しめる新しいスポーツ（運動）を考案

【規定】

・誰でも、どこでも、いつでも容易に楽しめることを目的に新しいスポーツ（運動遊び）を考案。実技で使用している室内で実施する内容を考える。

・基本運動の中で「ボールを突く（ドリブル）」「バッティング（物を使用して打つ）」は、個人のレベル差があるため、個人のレベル差が出ない動きを取り入れる。

サンプルレポート

New Sports題名：ドッギュボール	作成者　松田萌

（簡単な説明）
普通のドッジボールのルールと一緒、ただし投げる方の手の脇にペットボトルやお手玉、小さいボールなど挟んで行うNew Sports !!!
ドッジボールは、得意不得意や年齢などによってボールのスピードや勝敗に差がでるが、このドッギュボールは全員にひとつハンディがあり皆で楽しむことができる。

（内容説明と動きの分析）
・ドッジボールは大人数でも楽しめる遊びであり、外でも室内でもできる。そして主に「投げる」協応性。「捕る」協応性。「避ける」敏捷性。という動きが養える。
またボールの方向や力、スピードから、攻撃は「投げる」こと、守備は「捕る」「よける」ことを予測し空間認知能力を必要とし養うことができる。

（ルール）
＊投げる方の脇に必ずペットボトルやお手玉を挟み投げる、捕る、よける。
①2チームに分け、チームの外野、内野と決める。
②各チームの代表がじゃんけんをして勝った方から好きなものを選び脇に挟む。
③攻撃チームは、挟んだ状態で相手チームの内野へ攻撃して当てる。
④通常の当たったときは外野へ移動。
またボールを持っている時やキャッチ、投げる時に挟んでいるものを落としたらアウト。
投げた時に落とした場合は、当たっても無効となる。
③④の過程で、内野が当たった場合は、外野へ移動。外野が内野を当てたら内野へ移動。内野に人がいなくなった時点で負けとなる。
投げたり転がしたり基本運動を変えると年齢に関係なく楽しめます。

（その他）

イメージイラスト（環境設定）記入

まとめ
ドッジボールの基本ルールで進行しますが、投げる動作を制限することで全く違うドッジボールへと変化するスポーツとなります。

19

まとめ　基本運動の系統的指導

GOAL：様々な環境で系統的に考案でき、
　　　　運動能力を高めることができる

調整力を理解して、「跳ぶ＝瞬発性」の動きを各指示に従い立案し指導できる

今まで考案した「R-1〜R-6」または「R-1〜R-6」のサンプルを参考に下記の課題にチャレンジしてみましょう。

「両足跳び」を追求する。

課題

A〜Eの中から一つ選び、その能力が養われる「環境や空間」を変化させ考案する

A「動作：両足跳び」巧緻性が養われる環境や空間の設定

B「動作：両足跳び」敏捷性が養われる環境や空間の設定

C「動作：両足跳び」持久性が養われる環境や空間の設定

D「動作：両足跳び」知的能力が養われる環境や空間の設定

E「動作：両足跳び」感覚が養われる環境や空間の設定

レポート【R-7】を使用して記入

Chapter 3

[指導者編]
自分自身の運動能力と
指導のスキルアップ

20

幼児期に体操がなぜいいのか

GOAL：体操の特性を理解して、神経系のトレーニングに つなげることができる

　体操とは、「体」を「操る」ことです。それは、様々な空間で運動し多様な位置変化が把握できる能力です。すなわち空間において自分の姿勢を操作できる能力のことをいいます。また基礎体力をつくることを重視しており、機械（鉄棒・跳び箱等）は補助具として使用しています。器械体操は、平均台・鉄棒など器械を使っておこなう体操です。争うポイントは美しさ、安定度、ダイナミックさであり、体操と器械体操は全く違います。幼少期からの体操は、なぜ良いのかというと、前項でも述べたように、脳が動きの指令を出して神経系を伝達させ身体をコントロールする神経系のトレーニングにつながります。大きな筋肉、細かい筋肉を満遍なく使うことになります。体操は子どもの身体発達に非常に良いと言われています。

スポーツの基本がつまっているマット運動

　スポーツの基本を身につけるための技能がギュッと凝縮されており、特に体幹が鍛えられバランスの向上、身体操作の向上、危機回避能力の向上に効果があると言われています。動作として「回ったり、転がったり、逆さになったり」と他のスポーツには見られない動きを多数経験することができます。幼児期後半までに経験をさせたい「マット運動・跳び箱運動・鉄棒運動」の動きのポイント、Q&A、段階指導を紹介します。ぜひ子ども達の見本となる動きを身につけ、視覚から入力する情報をきれいなものにするためにも各個人で練習していただきたいと思います。

実技編　マット運動（子どもの見本となるマット運動の習得と段階指導の理解）

GOAL : マット運動の基本「前転・開脚前転・後転・開脚後転」の動きを実践できる

1　マット運動

　マット運動の中でも幼児期に経験したい前転、後転、開脚前転、開脚後転の見本になる動きを習得して実践できるように準備しましょう。

前転

`基本運動`　　　`調整力`

前に回る　　　　平衡性

マット運動
前転

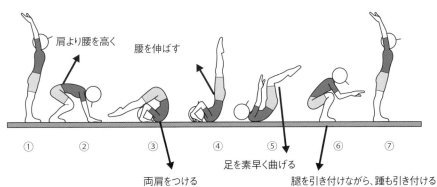

肩より腰を高く　　腰を伸ばす

① ② ③ ④ ⑤ ⑥ ⑦

両肩をつける

足を素早く曲げる

腿を引き付けながら、踵も引き付ける

②～④は、着手を確認しながら、背中を丸めるようにして後頭部より着きます。その後は体を伸ばした背倒立を経過させるように大きく表現します。

Q&A

Q：臀部から落下してしまうのはどうしたらよいでしょうか。

A：膝を抱え込んだ姿勢のまま、首・背中・腰（その逆）へとローリングさせながら回転をスムーズにできるように練習を繰り返すことが大切です。

段階指導

1．段差をつけ、背倒立から起き上がる練習を繰り返します。腿を腹部へ引きつけながら踵もしっかり引き付けます。

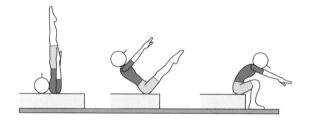

2．着手場所を高くし、少しジャンプをしながら傾斜を利用して練習をします。

開脚前転

基本運動   調整力

前に回る   平衡性・協応性

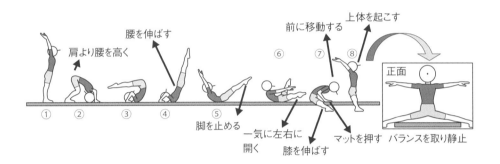

肩より腰を高く
腰を伸ばす
脚を止める
一気に左右に開く
膝を伸ばす
マットを押す
前に移動する
上体を起こす
正面
バランスを取り静止

① ② ③ ④ ⑤ ⑥ ⑦ ⑧

ポイント

④〜⑦腹部に力を入れた⑤の姿勢から、踵がマットに着く直前に両脚を一気に開きます。その時、上体を素早く前方へ移動させながら両手でマットを押して、腰を引き上げます。このマットを押しながら腰を引き上げ開脚するという3つのタイミングの取り方が重要です。

Q&A

Q：マットを押しても、前屈で起き上がれないのですがどうすればよいですか。
A：左右開脚での前屈が柔らかいことが前提ですが、この運動の大切なことは⑤の姿勢から一気に両脚を開きます。そのあと、前方への重心の移動と同時に押すタイミングをとることが大切なのです。腹部と膝に力を入れながら練習します。

段階指導

1．段差を利用して、仰向けの脚上げ（脚上挙(きゃくじょうきょ)姿勢(しせい)）から上体を起こしつつ脚を下げながら開脚し、マットを押して起き上がる練習を繰り返します。

実技編　マット運動（子どもの見本となるマット運動の習得と段階指導の理解）

2．表記図④姿勢からの背倒立から⑤への姿勢を確認し、起きるタイミングを繰り返し練習します。

3．マットの下にロイター板などを入れて傾斜をつけ、開脚前転の練習をします。必ず、膝を伸ばすことを心がけましょう。

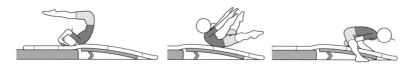

⑤ 後転

基本運動　　　　　**調整力**

後ろに回る　　　　平衡性・協応性

勢いよく回転させる

両手を素早く着く

膝を伸ばし足先を回す

① ② ③ ④ ⑤ ⑥ ⑦

しっかり両手で押す

ポイント

　始める前に十分に首のストレッチをします。また首から肩、背中全体のストレッチも十分におこないます。お勧めはヨガの鋤（すき）のポーズです。

　②〜④顎を引いたまま背中を丸めて回転させます。着手を早くそして足を素早く回すことが大切です。

　④〜⑤首に負担をかけないためにも上体の力を入れたまま、両手でマットを押し上げます。

Q&A

Q：どうしても④のときに斜め側方へ回転してしまう。

A：背中を丸めて顎をひきつけた状態で姿勢を保ったままで固定するように力を入れなければなりません。マットを押す手をしっかり開き、両手でマットを十分に押し上げ後方への回転スピードを増すことが大切です（特に利き手ではない手をしっかり着ききましょう）。

段階指導

1．まずは後方への回転を練習します。頭を左、または右に傾けて回転させます。大腿部を上体へひきつけることを意識します。

2．接地面に傾斜をつけて練習します。補助者に腰部をひきつけてもらい、首にかかる負担を少なくします。

3．最後に、平面で補助をしてもらいながら練習をします。上体に力を入れた姿勢のまま、早く回転させることを意識しておこないます。

開脚後転

基本運動　　　**調整力**
後ろに回る　　　平衡性・協応性

マット運動
開脚後転

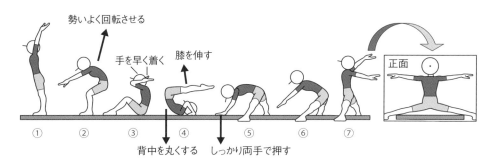

勢いよく回転させる
手を早く着く　膝を伸す
正面
① ② ③ ④ ⑤ ⑥ ⑦
背中を丸くする　しっかり両手で押す

ポイント

　始める前に十分に首のストレッチをします。また首から肩、背中全体のストレッチも十分におこないます。お勧めはヨガの鋤（すき）のポーズです。後転が完成してからの次の段階で導入となります。④〜⑤は後転同様、上体の力を入れたまま、両手で

マットを押し上げると同時に⑤の姿勢から、つま先がマットに着く直前に両脚を一気に開きます。その時、上体を素早く後方へ移動させながら両手でマットを押して、腰が真っすぐ安定したら上体を起こします。

Q&A

Q：どうしても⑤から⑥の動作のときにお尻を着いてしまう。

A：マットを押す手をしっかり開き、両手でマットを十分に押し上げ後方への回転に合わせて両足を開きます。両手を着いた状態のまま全身でバランスを取りながら着いた両足の位置まで腰を移動させ、上体を起こします。

　腰の位置は、手を離してもバランスが崩れないところまで状態は起こさずキープすることが大切です。

段階指導

1．回転は接地面に傾斜をつけて練習するので、着地の開脚だけ意識しておこないます。後転ができている状態のため、補助者は開脚した足の位置で腰がキープできるように腰部をしっかり補助をしてもらい位置を確認しながら起き上がります。

2．平面で腰の位置のみ補助をしてもらいながら、状態はローリングしながら背中から浮き上がり、腰を開脚した足へ重心を移動し最後に頭を上げるとバランスを保ちやすいでしょう。

22

指導編　マット運動

GOAL：前転、後転の基本的な指導法と補助法を理解する

1 マット運動の基本的な指導と補助法

　多くの子ども達の前転経験は、「でんぐり返し」からスタートします。自分の左右の脚の間から逆さまに見える状態を楽しんでいる時に、偶然前に回ってしまい「でんぐり返し」を経験する子ども達も多くいます。この「でんぐり返し」を解説すると、床やマットの面を左右の手のひらと頭上の3点で支持をして、背中を伸ばした状態で「でん」と前方に倒れこむ。この倒れこんだ動きを*擬容語で「でん」と表現し「でんぐり返し」という名前になったとの由来があります。偶然できるようになる基本運動の「前に回る」を子どもの成長に合わせて、3段階「でんぐり返し」「前まわり」「前転」と動きを習得できるように指導していきましょう。

*P.104「2　擬声語・擬音語・擬態語・擬容語・擬情語の大切さ」参照

子どもの成長に合わせ、前転ができるまでの過程

第1段階【でんぐり返し】

倒れる様子を擬容語で「でん」と表現
「でん」と倒れるので、でんぐり返しという

体支持ができず～上頭部をつき前へ倒れる

体が真っすぐで
回転が止まってしまう

でん

① ② ③ ④ ⑤ ⑥ ⑦

動き

　②～④マットの面を左右の手のひらと頭上の3点で支持をして、⑤背中を伸ばした状態で⑥「でん」と前方に倒れこみます。または背中を丸めて前へ回ることができるが、⑦そのまま仰向けの状態になり寝てしまいます。

原　因

②〜③体の大きさに対し相対的に頭部が大きく、筋力（腕力・腹筋）がなく、体支持の体勢がとれません。⑤そのためマットに頭上をついてしまい、⑥そのまま前に「でん」と倒れこみます。

ポイント

この動きは、首に負担がかかるため、早く体を支えられるようにしていきます。握る、ハイハイ、四つ足歩き、など様々な空間で経験し、体を支えることができるようにしていきながら、なだらかな坂の上など、様々な空間で回転する楽しさを習得する段階です。＊P.38「手と脳の関係」参照。

第２段階【前回り】

体支持〜回ることができるが、足を引き付け立つことができない
① ② ③ ④ ⑤ ⑥ ⑦

動　き

②〜③手のひらを開き自分の肩幅に手を着き、肘を伸ばし肩より腰を高くあげ両手で体を支えます。④〜⑥前方へ重心を移動させ、背中を丸めながら後頭部から両肩を着き、前に回ることができます。回転が「ころん」とスムーズですが、そのまま仰向けで寝た状態または座った状態となります。

ポイント

頭越しに前に回った後、座った状態となり、起き上がる時に手を使って立ってしまいます。＊背中を丸め腹筋を使いながら、腿を身体に引き付け起き上がることができません。

このような子ども達には、セッション21のマット運動の段階指導を参考にしながら、補強運動のＶ字バランスを取り入れ、両手はマットに着かず進行方向へ上げながら起き上がれるように、空間、環境に変化をつけて指導します。

第3段階【前転】

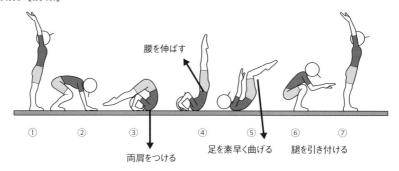

腰を伸ばす

両肩をつける　　足を素早く曲げる　　腿を引き付ける

> **動　き**

　②〜④両手を着き、肩よりも腰を高くして背中を丸めて回り、マットから足が離れたら膝を伸ばし回転を維持します。④〜⑤背中を丸めたまま、上体を起こしていき、マットに足が着く前に踵をお尻に近づけます。⑥〜⑦足裏をマットにつきながら背中を伸ばし、上体を斜め上に意識しながら立ち上がります。

> **ポイント**

　両手でしっかり体を支持することができ、体を丸くしながら、頭越しに回り背中、腰と順番に回り、手を前にしたまま立てるよう指導します。また立ち上がらず、連続で前転ができるようにも指導していきます。幼児期後半から小学生にかけて、調整力が高まり、筋力や巧緻性が高まってきた頃から、前転「第4段階」へと移行していきます。

❷　前　転　段　階　指　導（例）

＊段階指導とは、ひとつの種目を部分的に分解しておこなう指導法です。

・肘を伸ばし、腕支持をして両手で体を支え、頭越しに前へまわる。

①自分の体重を両手で支えられるように指導（いろいろな空間で支えるを指導する）。

【バランス〜前まわり】

バランス〜前回り

バランスをとりながら、
インストラクターの足の上に
乗ることができる Ⓐ

ひとりで手を着き、回る
ことができる Ⓓ

ひとりで立つことができる
（※手を使って立ってもＯＫ） Ⓔ

Ⓑ 手と手の間に、頭を入れることができる

Ⓒ 両手を着き、腕で支持することができる

バランス
から前転

【腕支持ジャンプ】

腕支持ジャンプ
（うさぎジャンプ）

足で蹴り、両手に体重をのせ、腰を肩より上げることができる Ⓐ

Ⓑ 両手・両足交互に重心を移しスムーズに前に移動できる

【壁倒立・腹】

壁倒立・腹（10秒）

腰が反ったり、背中が丸まらず
正しい姿勢をとることができる

10秒できる

手をつく位置を見ることができる

両腕で体を支える
ことができる

両手を肩幅につき、足で壁を登ることができる

②体を支えることができたら、色々な空間で「前に回る」ことを経験する（系統的指導）。

【腕支持～前まわり】

・高さのある場所から、自分の体を支持して、回ることができるようにする。

腕支持～前まわり（跳び箱1段）

B　膝を伸ばしお尻を高くすることができる　　　C　手と手の間に頭を入れることができる

A　つま先を掛けることができる　　　D　指を開き、両腕で支えることができる　　　E　頭越しに回ることができる　　　F　ひとりで回り、立つことができる

【坂おり前転】

・坂を使って起きる練習をする。

坂おり前転

A　正しく手を着くことができる　　　B　頭越しに回ることができる　　　C　足を引きつけることができる　　　D　立ち上がることができる

【前転】

・マットの上で綺麗に真っすぐできるようにする。

肩より腰を高く上げ、両手を正しく着くことができる

お腹を見ながら、頭越しに回ることができる

マットから足が離れたら膝を伸ばすことができる

足を引きつけることができる

手を着かずに立ち上がることができる

③ 後転 段階指導（例）

＊段階指導とは、ひとつの種目を部分的に分解しておこなう指導法です。

後転の段階指導（首筋の負担注意）

【後転】

背中を丸くする・顎を引き付けた状態の姿勢を保ったまま固定するように力を入れる・顎を引いたまま背中を丸め回転させる・後方へ回転スピードを増すために両手でマットを十分に押し上げます。両手を返し、しっかりと着き、着いた手でマットを押して起き上がります。

【指導ポイント】

後方へ回転することに恐怖心がある子どもには、様々な環境を変え後ろへ回る恐怖心を取り除きます。また手の着き方をしっかり指導し、特に利き手ではない手がしっかり押せるように指導します。

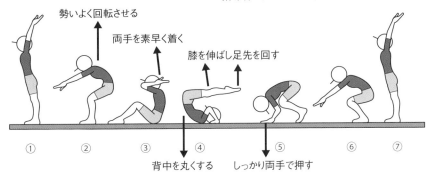

＊指導者は、このような綺麗な見本を目指しましょう。

勢いよく回転させる

両手を素早く着く

膝を伸ばし足先を回す

背中を丸くする　　しっかり両手で押す

① ② ③ ④ ⑤ ⑥ ⑦

【後転】
角度のある坂からの
後ろまわり

・角度のある坂で、手のつき方を覚える。

・急な坂のため、足を上げると後ろに回ることができる。

　後ろに回る恐怖心をなくし、後ろに回る感覚を覚え手で押すことを指導する。

・自分の意思で、後ろに転がる練習。

　利き手ではない手のひらをしっかりついて、タイミングよく押す。

【後転】
坂あり〜坂なし

【坂おり後転】

坂おり後転

手を返して、頭の横に正しく着くことができる

B

A
顎を引いて、腰・肩・首の順に
後ろへ体を倒すことができる

C
体を丸め、スムーズに回ることができる

E
立つことができる

【後転】

後転

A
顎を引いて、腰・肩・首の順に
後ろへ体を倒すことができる

D
スムーズに回ることができる

B
手を返して、頭の横に正しく着くことができる

C
両手で支え、腰を上げながら
頭越しに回ることができる

E
両手で押して、立つことができる

実技編　跳び箱運動（子どもの見本 となる跳び箱運動の習得）

GOAL：跳び箱運動の基本「開脚跳び」の動きを実践できる

① 開脚跳び

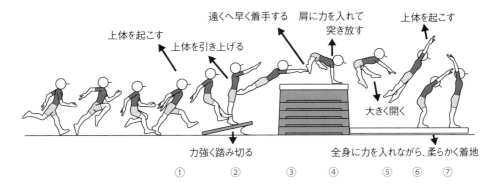

上体を起こす　上体を引き上げる　遠くへ早く着手する　肩に力を入れて突き放す　上体を起こす

力強く踏み切る　全身に力を入れながら、柔らかく着地　大きく開く

① ② ③ ④ ⑤ ⑥ ⑦

ポイント

　①～②のロイター板での踏切は、顔と上体を起こしたまま膝を固定させて足首を使って蹴ります。

　背中を伸ばして、上体を引き上げ、膝を伸ばしたジャンプをします。

　③～④着手で大切なのは、前方に腕をしっかり伸ばしてできるだけ早く、遠くへ着くことです。また、肩を緊張させたまま、肘や手首に力を入れて跳び箱を突き放すことも重要です。

Q&A

Q：怖くてどうしても跳び越せない。

A：跳び箱（障害物）をいきなり跳び越すのは非常に勇気のいることです。始めは、ロイター板の踏み切るタイミングを練習しましょう。ロイター板の手前に小さなスポンジなどを設置し、それを跳び越してロイター板を踏み切りながらジャンプします。また、友達同士で馬跳びの練習から始め、次第に慣れてきたら低く短い跳び箱を利用して練習しましょう。できるだけ助走を少なくして跳び越すことを目的にします。

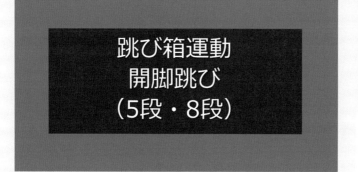

【開脚跳び】5段
・サイズ（小学生用横）
・ロイター板なし

跳び箱運動
開脚跳び
（5段・8段）

段階指導

1．ロイター板をうまく蹴る（バネに慣れる）練習です。縦向き3段に設定し、助走からポイントで記したことを注意して（膝を伸ばす）両足ジャンプで台上に乗ります。この時、両手を振り上げることが大切です。慣れてくるにしたがって、4段、5段と高くします。

2．台上を跳び越す練習です。跳び箱を2台並べ、前段階の運動で1台目に乗ります。その後、台上にしゃがみ、2台目の跳び箱に両手を着いて開脚跳びを練習します。また、友達同士で馬跳びの練習もしましょう。

3．横向きまたは、縦向き3段の短い跳び箱を設定し、4〜5歩の助走から開脚跳びの練習をします。この時のロイター板から跳び箱までの幅は約20cm位（1段上げるごとに10cm広げます）が目安です。安全を考慮し、着地面にもマットをセットして練習しましょう。

指導編　跳び箱運動
（段階指導の理解）

GOAL：跳び箱運動の補助法と段階指導を理解する

1　開脚跳びの段階指導（例）

着手・支持移動の習得をしてから助走をしてみます。

＊段階指導とは、ひとつの種目を部分的に分解しておこなう指導法です。

・開脚跳びに必要な動きを系統的に経験。

・支持をしながら、お尻を肩より高くし、足を開く練習。

2歳児
開脚支持移動
（開脚跳び導入）

【開脚動作（ビート板１枚)】

助走からリズムよくやってみる。

開脚動作 ビート板１枚

お尻を肩よりも高くして、手を
ビート板に着き腕で支持できる

スムーズにビート板の横へ、
両足を開くことができる

【その場跳び越し（ビート板５枚～)】

その場開脚跳び越し
ビート板５枚～

ビート板の前に手を着き、肩よりお尻を高くできる

肩を前に動かすことができる

ビート板よりも前に
足を開いて、着くことができる

手を着き腕で支持をしながら、開脚跳び越しがスムーズにできる

【開脚跳び動作（ビート板1枚）】

　助走、踏切、着手、開脚動作をリズムよく習得。

目標の場所(フープ)で、両足ジャンプができる

手をビート板の前に、着くことができる

腕で支持したまま、リズムよく足を開くことができる

【開脚跳び動作（ビート板5枚）】

　運動に適した助走から、リズムよくおこなう。

助走から両足で、踏み切る動作ができる

ビート板の前に手を着き、腕で支持をしながら開脚ができる

ビート板よりも前に、開脚で跳び越すことができる

安定した着地、ポーズができる

【開脚跳び（跳び箱/幼児用1段）】

助走・踏切・開脚姿勢（支持移動）の様子で1段から徐々に高くする。

開脚跳び 幼児横1段～
ロイター板なし

両腕で体を支えることができる

Ⓐ
運動に適した助走ができる

Ⓑ
両足で強く踏み切ることができる

Ⓒ
手を前に着くことができる

Ⓓ

Ⓔ
安定した着地、ポーズができる

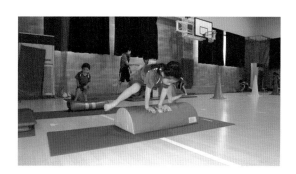

【開脚跳び（跳び箱/幼児用4段）】

両腕で体を支えることができる

運動に適した助走ができる　　両足で強く踏み切ることができる　　手を前に、着くことができる　　安定した着地、ポーズができる

【開脚跳び　2歳〜3歳児】

　基本運動を多様な空間で練習し運動能力を高め、系統的に練習する。

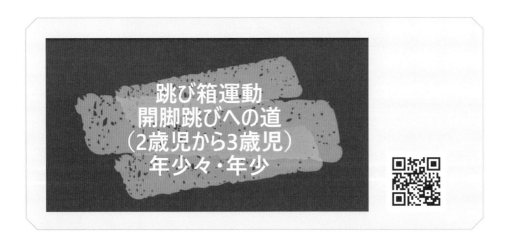

跳び箱運動
開脚跳びへの道
（2歳児から3歳児）
年少々・年少

実技編 鉄棒運動（子どもの見本となる鉄棒運動の習得）

GOAL：鉄棒の基本『足抜き回り・尻上がり』『前回りおり』『逆上がり』の動きを理解する

1 「足抜き～尻上がり」「前回りおり」「逆上がり」（子どもの見本となる鉄棒運動の習得）

【足抜き尻上がり/胸の高さ】

足抜き回り（胸の高さ）

Ⓐ 鉄棒につま先をかけて、両足を揃えることができる

Ⓑ 両腕の間に足を抜くことができる

Ⓒ スムーズに回ることができる

グルリン　パッ

【支持前回りおり/胸の高さ】

足抜き尻上がり（胸の高さ）

Ⓐ 鉄棒まで両足を揃えて、持って行くことができる

Ⓑ 足を揃えて、両腕の間を抜くことができる

Ⓒ 腰を引き上げて、戻すことができる

Ⓓ スムーズにできる

グルリン　パッ　パッ　グルリン

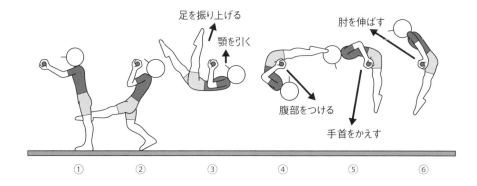

ポイント

　⑤～⑥この運動では下半身の回転で上半身の回転を作る感覚をマスタ　して下さい。体をバーに近づける際は、腹部より上（胸部側）につけることが重要です。そのためには顎を引き、肘を曲げながら腹部に力も入れ、力強く足を振り上げることです。

Q&A

Ｑ：体をバーに引きつけることができない。

Ａ：この運動には、２つの方法があります。まずは両腕の引きつけによってバーへの接点を腹部より胸部側へ持ち込むことにより、下半身が重くなりスムーズに回転させる方法と、次に両腕は伸ばしたまま足先は上方へ、頭部は下方へ回転させる方法です。いずれにしても、足の振り上げを力強く、腹部を素早くバーに引きつけることが大切です。この場合は、腹筋力の不足も充分考えられます。

段階指導

１．バーを顎の高さに設置し、前方に跳び箱、ロイター板などを使って練習をします。ここでは足の回転とバーに腹部を近づけることを心がけましょう。

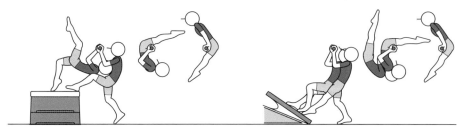

２．補助器具を使用しないで練習します。バーの高さを、始めは胸部に設置し、次第に顎、頭上へと変えながら繰り返し練習しましょう。

　3．高鉄棒で練習をします。まずは、懸垂を数回できることが条件になりますので、筋力トレーニングをすることが大切です。懸垂をしたまま腹部に力を入れ、足先を引き上げるようにして腹部をバーに近づけることが大切です。

指導編　鉄棒運動
（鉄棒運動の基本的な指導）

GOAL：鉄棒の段階指導と補助を理解して実践する

1　鉄棒運動の基本的な指導

握るから始まる鉄棒の段階指導です。

段階指導とは、ひとつの種目を部分的に分解しておこなう指導法です。

握る・ぶら下がる・しがみつく・またぎ越しを十分におこない、自分の体重を支えられる

・色々な握り方を覚え、指先まで器用に使えるようにする。

・握りながら、支えながら自分の体を操作できるように指導。

【握る〜ぶら下がる】

握る〜ぶら下がる　細いもの（ストレッチマット・タオル他）

指先を使い、握ることができる A

指先から手のひらを使い、握ることができる B

引っ張られても握っていられる C

太いもの

ぶら下がることができる D

両手で握ったまま、高い位置から降りることができる E

棒

鉄棒（高さ頭以上）

ひとりでできる F

・手のひらを育てる動きをたくさん取り入れる。

四ツ足

【握るから始まる鉄棒の段階指導　（静的筋持久力を高める）】

・しがみついたり、握ったりして、握力だけではなく、全身の力を入れる練習。

しがみつき

おきあがり

・握り返しをおこなうことで、手のひらを育てながら握力（筋持久力）、体重移動（平衡性）を高める。

・腰の高さを跨ぐため、しっかりと握り体全体に力を入れることができる。

跨ぐ

2 ぶら下がる ··

【ぶら下がり（足が着かない高さ）】

・足が着かない高さから、ぶら下がる楽しさを経験する。

A 順手で握ることができる

B 鉄棒が足のつかない高さで、
１０秒ぶら下がることができる

【ぶら下がり・手と足（胸の高さ）】

・足が着く高さで、自分で両足を鉄棒にかける練習。

顎を引き、足をかけてぶら下がることができる A

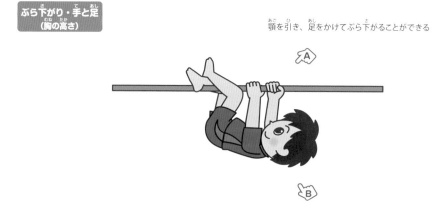

B
１０秒できる

【ぶら下がり・（胸の高さ）】

・足が着く状態から、自分で足をかける。

ぶら下がり（胸の高さ）

つま先をつける

鉄棒につま先をかけて、ぶら下がることができる

Ⓐ

Ⓑ

鉄棒につま先をかけて、10秒ぶら下がることができる

足を床から離す

床から足を離し、10秒ぶら下がることができる

Ⓒ

【鉄棒】
ぶら下がり〜目標物
（フープ）をくぐる

【足抜き回り・（胸の高さ）】

足抜き回り
（胸の高さ）

鉄棒につま先をかけて、両足を揃えることができる

両腕の間に足を抜くことができる

スムーズに回ることができる

Ⓐ Ⓑ Ⓒ

グルリン

パッ

・足抜き回り

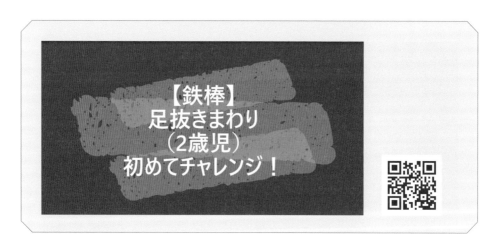

【鉄棒】
足抜きまわり
（2歳児）
初めてチャレンジ！

2歳児

　基本運動を0歳児からおこなっている保育園児。

　初めての足抜き回り。

【足抜き回り〜尻上がり】

・足抜きから尻上がり連続でおこなってみる。

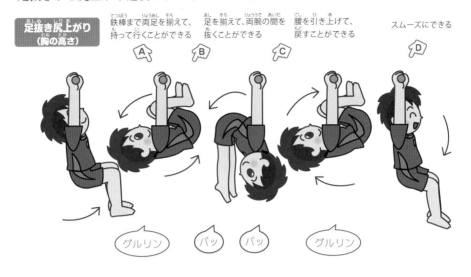

---

③ 腕立て支持〜前回りおり

【腕立て支持】

・肘を伸ばし両手で体支持バランスを取る。おりる練習も同時にする。

腕立て支持
（腰の高さ）

鉄棒に跳びつき、体を引き付けることができる

腕を伸ばして体を支えることができる

5秒できる

【支持前回りおり（胸の高さ）】

支持前回り降り
（胸の高さ）

跳び上がり支持ができる

腕を伸ばし、5秒間静止できる

手首を返し、ゆっくり体を丸めることができる

ゆっくりと回ることができる

4 逆上がり

【逆上がり（胸の高さ）】

逆上がり
（胸の高さ）

A　鉄棒を引きつける
ことができる

C　足を素早く揃え、鉄棒に
体を巻きつけることができる

D　手首を返し、体を起こすことができる

B　軸足で踏み切り、足を振り上げることができる

F　順手で逆上がりがスムーズにできる

E　逆手で逆上がりが
スムーズにできる

【鉄棒】
逆上がり
（年長/保育園）

逆上がり段階指導（個人別編集）

年長：保育園児

基本運動を1歳児から月1回。体操をおこなっている保育園。

Appendix

27

こども運動指導者検定2級試験対策

GOAL：JSECこども運動指導者検定/規定実技/マット運動連続技完成。跳び箱運動完成

1 JSECこども運動指導者検定　2級（幼児）

規定実技

・マット運動連続技

「前転」→「開脚前転」（静止/ポーズ）→「前転クロス1/2」→「後転」→「開脚後転」（静止/ポーズ）

・跳び箱運動

「開脚跳び」5段/ロイター板なし

マット規定演技/跳び箱規定演技（動画）

こども運動指導者検定
2級（幼児）

規定実技
【マット運動・跳び箱運動】

学科試験対策

成功につながる勉強法

マット運動・跳び箱運動レベル向上

GOAL：自己のレベルを向上させるためにさらに新しい技について学び、実践する

1 JSECこども運動指導者検定 1級（児童）予習編

　検定1級では、少し難しい技にチャレンジします。1級を目指したい方は、予習しておきましょう。「からだを操作する能力」が高い方は、できない技でも検定二日間を受講すると習得できます。自分が操作する能力が高いか試してみませんか。

マット運動・跳び箱運動／新しい技に挑戦

・さらなる上の技を磨き上げる
　こども運動指導者検定／マット運動・跳び箱運動
　ひとつひとつ丁寧に練習。
　膝・つま先を伸ばしスムーズにできるようにしましょう。

マットチャレンジ

マット運動
マットチャレンジ！

・【倒立前転】
・【側方倒立回転】

・【側方倒立回転１/４ひねり】（ロンダート）

○ 跳び箱チャレンジ

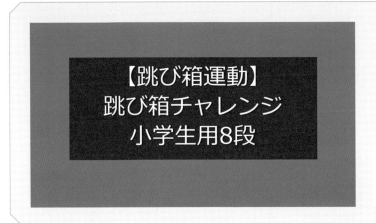

・かかえこみ跳び
・台上前転６段
・サイズ（小学生用）
・ロイター板あり

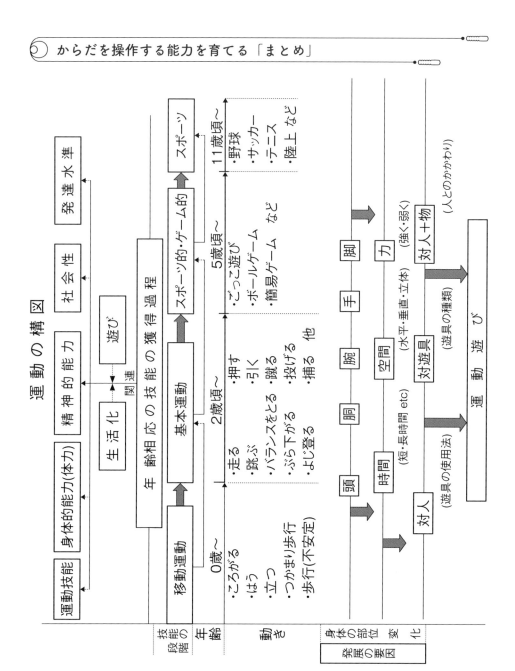

からだを操作する能力を育てる「まとめ」

運動の構図

160

参考文献

○浅野鶴子編，金田一春彦解説『擬音語・擬態語辞典』角川書店，1978年

○遊び活動研究プロジェクト「発達課題と学習内容・遊び活動との関連についての調査研究」栃木県総合教育センター『平成12年度紀要』第 8 号（ 1)，2000年

○大場幸夫監修『保育所保育指針ハンドブック』学研プラス，2008年

○厚生労働省編『保育所保育指針解説』フレーベル館，2018年

○厚生労働省編『保育所保育指針解説書』フレーベル館，2008年

○小林芳文・大橋さつき著『遊びの場づくりに役立つムーブメント教育・療法—笑顔が笑顔をよぶ子ども・子育て支援—』明治図書出版，2010年

○小林芳文編『ムーブメント教育・療法による発達支援ステップガイド』日本文化科学社、2006年

○小林芳文編著『乳幼児と障害児の発達支援ステップガイド—ムーブメント教育・MEPA実践の手引—』日本文化科学社、1986年

○汐見稔幸監修『保育所保育指針ハンドブック』学研プラス，2017年

○諏訪美矢子『JSECこども運動指導者　2 級（幼児）検定教本』2018年

○諏訪美矢子，学校法人三幸学園キッズ大陸『「夢大陸ブック」ファンスポーツ／体操アドベンチャー』2013年

○中村正之「年齢の上昇にともなう遊び活動の変化について」常磐大学コミュニティ振興学部『コミュニティ振興研究』第 3 号，2003年

○中村正之「遊び活動が子どもの人間関係形成に果たす役割についての実証的研究」常磐大学コミュニティ振興学部『コミュニティ振興研究』創刊号，2001年

○日本ヒーリングリラクセーション協会：リフレクソロジー定義（https://jhrs.jp/）

○宮下充正『子どものからだ—科学的な体力づくり—』東京大学出版会，1980年

○文部科学省幼児運動指針策定委員会『幼児期の運動指針ガイドブック〜毎日、楽しく体を動かすために〜』平成24年 3 月

○柳沢秋孝「フィットネスが知育に繋がるメカニズム」『月刊NEXT』No.65，2012年

執 筆 者 紹 介

諏訪美矢子 （すわ・みやこ）

　神奈川県横浜市出身。学校法人三幸学園が運営するキッズ大陸スポーツ幼児園（認可外保育施設）の立ち上げにかかわり、全スポーツプログラム、取得級と関連し調整力の獲得を運動能力別にグラフ化にしてアプリで回覧できるように企画監修。また、学園が運営するぽけっとランド（認証、認可保育所）では、0歳児から年長までの保育室でできる運動のカリキュラム監修。現在も幼稚園へ派遣指導、保育所にて体操指導をしている。これらの経験を踏まえJSEC（日本スポーツ教育協議会）「こども運動指導者検定」を立ち上げ、こども運動指導者検定のテキストを作成。現在は責任者として運営に関わり講師を務める。

［経　歴］
　高校卒業後、総合教育社に入社し、おもに幼児体育、学校体育の派遣指導をしながら、乳幼児の発育・発達、児童心理学、小児栄養学、小児医学、幼児体育等を通信課程で学ぶ。その後セントラルスポーツ株式会社へ入社。ベビーから児童対象の水泳、体操指導、成人のスイミング、スカッシュ、トレーニング指導を担当。また、社内アカデミー委員会にて、キッズ体育、ベビー体育委員を務める。ベビー体育では委員長としてマニュアル制作、社内研修を担当する。同社が運営する認証保育園（現在廃園）へ移動し、0歳児から年長クラスのスポーツプログラムを監修。保育所では、土曜保育、学童保育を担当。その後、介護職へと進み、介護が必要な児童の登校援助や介護予防福祉用具相談員、予防介護運動指導員として、からだの機能維持向上について様々な利用者と向き合い、長年に渡り0歳児から高齢者までのからだの機能向上について関わる。

［資　格］
◎ホームヘルパー2級
◎子育て支援員
◎公益財団法人日本障がい者スポーツ協会：障がい者スポーツ指導員
◎公益財団法人日本スポーツクラブ協会：マスター指導者
◎公益財団法人日本スポーツクラブ協会：マスター介護予防介運動スペシャリスト
◎公益財団法人体力づくり指導協会：幼児体育指導員
◎JHRR：リフレクソロジーインストラクター
◎JSEC：こども運動指導者検定マスター指導者

［メディア出演］
◎日本放送協会（NHK）「おはようにっぽん」朝のクローズアップ
◎フジテレビ「とくダネ」真相チェイス
※上記はともにキッズ大陸「運動の取り組み」が紹介される。

<table>
<tr><td>写真・動画協力</td><td>：</td><td>学校法人三幸学園 キッズ大陸 さいたま与野園・
キッズ大陸 辻堂mini園・ぽけっとランド園</td></tr>
<tr><td>実技指導動画協力</td><td>：</td><td>二羽裕矢、国井良太、奥谷志保、松田萌</td></tr>
<tr><td>イラストレーター</td><td>：</td><td>鶴　奈穂子（スポーツ戦隊スキルレンジャー）</td></tr>
<tr><td></td><td>：</td><td>鳥取　秀子</td></tr>
</table>

子どものからだを操作する力をはぐくもう
―こども運動指導者2級ガイドブック―

2021年6月28日　初版第1刷発行

著　　　者	諏訪美矢子
発　行　者	服部直人
発　行　所	(株)萌文書林 〒113-0021　東京都文京区本駒込6-15-11 tel：03-3943-0576　　fax：03-3943-0567 https://www.houbun.com info@houbun.com
印刷・製本	シナノ印刷株式会社

装幀／冨田由比　DTP制作／有限会社 テクスト

からだを操作する能力を育てる

幼児期に適切な運動アプローチができる

レポート（切り取り式）

Improve children's motor skills

【R-1】 系統的指導の理解「転がる」

基本運動を「時間・空間・力・対人・対物・速度」に変化をさせ系統的を理解する。
テーマ「転がる」を様々な空間や環境を変化させて「調整力・空間認知能力・知的能力・感覚」を養う動きを考案します。P.64〜65「基本運動の系統的指導のベースになる考え方」参照
（P.68 サンプル「転がる」参照）

転がる-A

転がる-B

【まとめ】「転がる-A」と「転がる-B」をおこなうことで何が養われますか。

【R-2】系統的指導の理解「走る」

基本運動を「時間・空間・力・対人・対物・速度」に変化をさせ系統的を理解する。
テーマ「走る」を様々な空間や環境を変化させて「調整力・空間認知能力・知的能力・感覚」
を養う動きを考案します。P.64〜65「基本運動の系統的指導のベースになる考え方」参照

走る-A

走る-B

【まとめ】「走る-A」と「走る-B」をおこなうことで何が養われますか。

【R-3】 テーマを決めて系統的指導「両足跳び」

基本運度「両足跳び」を系統的に考えてみよう。	P.91 サンプル/両足跳び参照
テーマ基本運動「両足跳び」	対象年齢／

①	【セッティングと子どもの動きを記入】
【動きの説明】 【動きのポイント】	

②	【セッティングと子どもの動きを記入】
【動きの説明】 【動きのポイント】	

③	【セッティングと子どもの動きを記入】
【動きの説明】 【動きのポイント】	

目標の動き	まとめ

【R-4】 縄跳び 【前回し跳びの運動遊び】

前回し跳び限定で運動遊びを考案する	P.96 サンプル/電車でGO!参照

テーマ：縄跳び運動 / 前回し跳びの運動遊び

記入規定 /「前回し跳び」の動きを取り入れた遊びを考案（すべての子ども達が、前回し跳びができると仮定）。

①短縄を使用して様々な環境設定やルール・ゲーム式等、皆が楽しく動けるもの。

②ルールがある場合【ルールの変化】を記入。（難易度をあげるとより楽しく遊べる）

③前回し跳びの運動遊びサンプル「電車でGO!」を参考にして記入。一斉指導・グループ指　導等、隊形・セッティングは自由。

④スタジオ、ホール、教室等、室内を想定する。

「前回し跳びの運動遊び」
★題名★

【セッティング・隊形・こどもの動き・内容】ルールがある場合はルールを記入する。

【まとめ】

【R-5】【テーマを決めて系統的指導】（系統的に難易度をあげる）

テーマを決めて基本運動の難易度を考えて系統的に指導を考案　P.102 サンプル/前へ回る参照

下記テーマをひとつ選択。①〜③へ難易度をあげて系統的指導を記入

テーマ	くぐる・四つ足・走る・押す・前へ回る・投げる・蹴る
使用備品	
養われる能力	
目標の動き	

①	②	③
①動きのねらい	②動きのねらい	③動きのねらい
①セッティング(子どもの動き)	②セッティング(子どもの動き)	③セッティング(子どもの動き)
①指導ポイント	②指導ポイント	③指導ポイント

まとめ